AF219183

Impressum
Verlag: BABADADA GmbH, Nedderfeld 112 , 22529 Hamburg
Geschäftsführer / Verlagsleitung: Harald Hof
Druck: Books on Demand GmbH, In de Tarpen 42, 22848 Norderstedt

Imprint
Publisher: BABADADA GmbH, Nedderfeld 112 , 22529 Hamburg, Germany
Managing Director / Publishing direction: Harald Hof
Print: Books on Demand GmbH, In de Tarpen 42, 22848 Norderstedt, Germany

die Schule

ቤት-ትምህርቲ

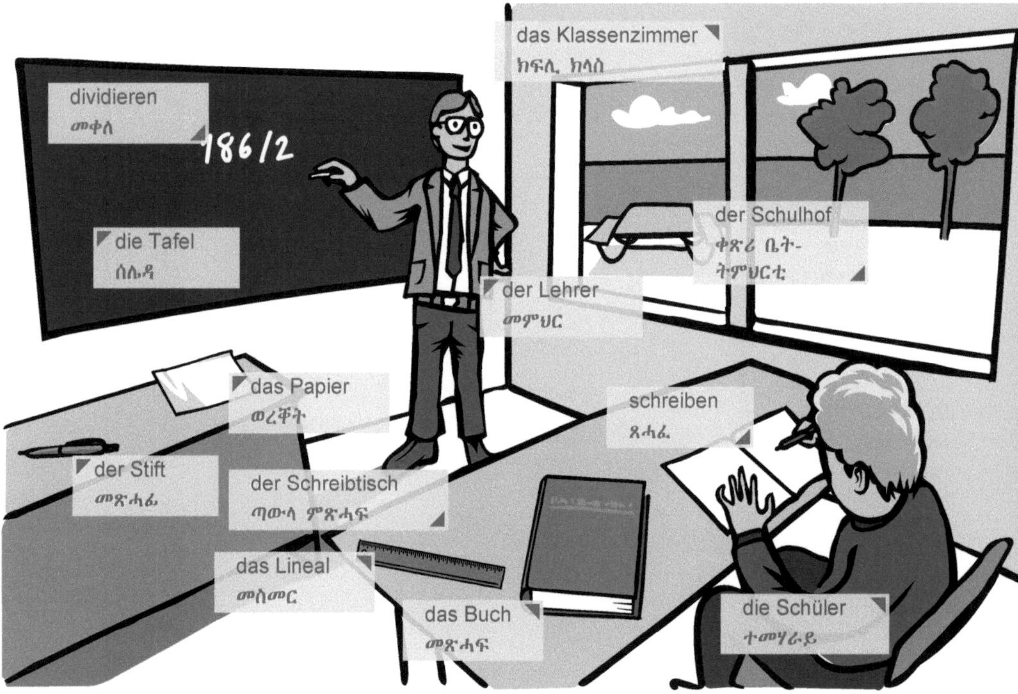

das Klassenzimmer
ክፍሊ ክላስ
dividieren
መቀለ
186/2
die Tafel
ሰሌዳ
der Schulhof
ቀጽሪ ቤት-ትምህርቲ
der Lehrer
መምህር
das Papier
ወረቐት
schreiben
ጸሓፈ
der Stift
መጽሓፊ
der Schreibtisch
ጣውላ ምጽሓፍ
das Lineal
መስመር
das Buch
መጽሓፍ
die Schüler
ተመሃራይ

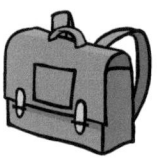

der Ranzen

ሳንጣ ትምህርቲ

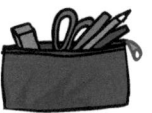

die Federmappe

ሰፈር ብርዒ

der Bleistift

ርሳስ

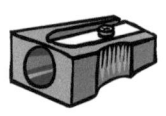

der Bleistiftanspitzer

መብልሒ ርሳስ

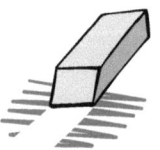

das Radiergummi

መደምሰሲ

der Zeichenblock

ጥራዝ ስእሊ

die Zeichnung

ስእሊ

der Pinsel

ብርዒ ቀለም

der Malkasten

ቦክስ ቀለም

die Schere

መቐስ

der Klebstoff

መጣበቒ

das Übungsheft

ጥራዝ መላመዲ

die Hausaufgabe

ዕዮ ገዛ

12

die Zahl

ቑጽሪ

2+2

addieren

ወሰኸ

5-2

subtrahieren

ጎደለ

2×2

multiplizieren

ረብሓ

rechnen

ደመረ

A

der Buchstabe

ፊደል

ABCDEFG HIJKLMN OPQRSTU VWXYZ

das Alphabet

ስርዓት ፊደላት

hello

das Wort

ቃል

der Text

ጽሑፍ

lesen

አንበበ

die Kreide

ኩርሽ

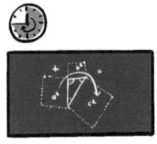

die Stunde

ሰዓት

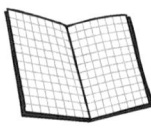

das Klassenbuch

መዝገብ ክላስ

die Prüfung

መርመራ

das Zeugnis

ሰርቲፊከት

die Schuluniform

ድቢዛ ቤትትምህርቲ

die Ausbildung

ትምህርቲ

das Lexikon

ለክሲኮን

die Universität

ዩኒቨርሲቲ

das Mikroskop

ሚክሮስኮፕ

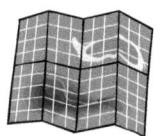

die Karte

ካርታ

der Papierkorb

ጎሓፍ ወረቐት

die Reise

መገሻ

das Hotel
መቐበሊ ኣጋይሽ
Grand
die Herberge
ሆስተል
ROOMS
die Wechselstube
ቦታ ቅያር ገንዘብ
der Koffer
ባሊጃ
das Auto
መኪና

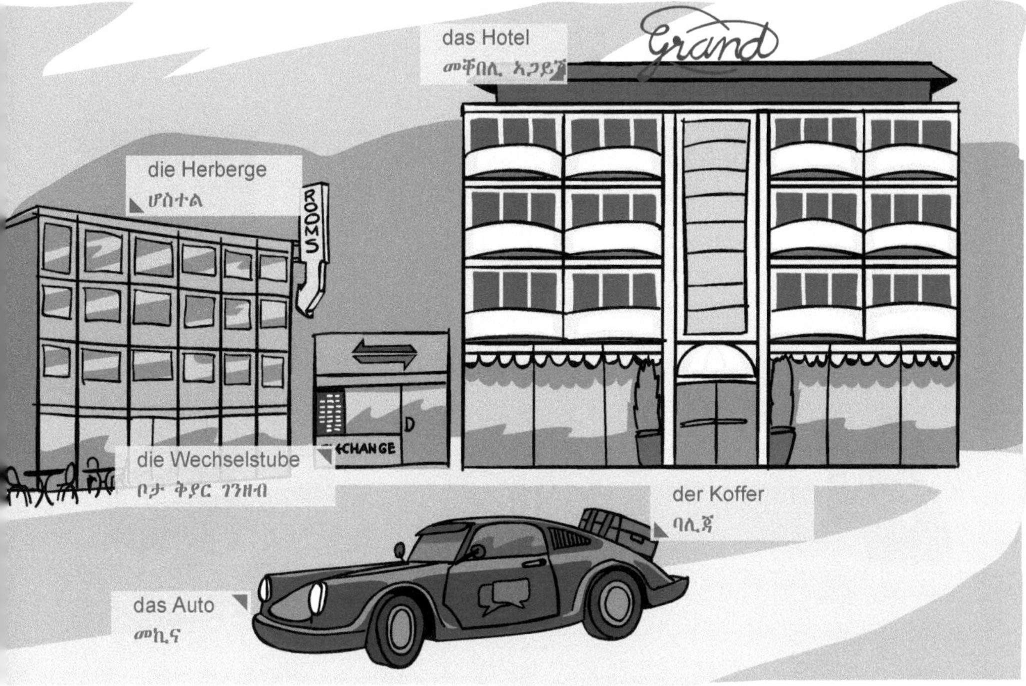

die Sprache

ቋንቋ

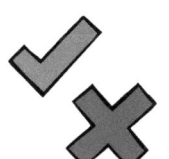

ja / nein

እወ / ኖ

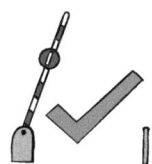

Okay

ሕራይ

Hallo

ሰላም

der Übersetzer

ኣስተርጓሚ

Danke

የቐንየለይ

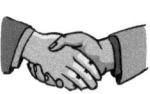

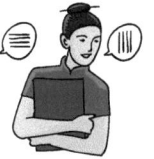

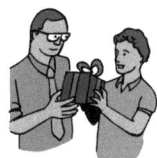

Was kostet...?

. . . ክንደይ ዋግኡ?

Ich verstehe nicht

አይተረድኣኩን

das Problem

ሽግር

Guten Abend!

ሰላም ምሽት!

Guten Morgen!

ከመይ ሓዲርካ

Gute Nacht!

ሰላም ለይቲ

Auf Wiedersehen

ደሓን ኩን

die Richtung

አንፈት

das Gepäck

ጉዳዝ

die Tasche

ሳንጣ

der Rucksack

ሳንጣ ሕቖ

der Gast

ጋሻ

das Zimmer

ክፍሊ

der Schlafsack

ክሻ መደቐሲ

das Zelt

ቴንዳ

die Touristeninformation

ሓበሬታ በጻሕቲ ሃገር

der Strand

ገምገም ባሕሪ

die Kreditkarte

ክረዲት ካርድ

das Frühstück

ቁርሲ

das Mittagessen

ምሳሕ

das Abendessen

ድራር

die Fahrkarte

ቲከት

der Fahrstuhl

ሊፍት

die Briefmarke

ማሕተም ደብዳበ

die Grenze

ዶብ

der Zoll

ድንና

die Botschaft

ኣምበሲ

das Visum

ቪዛ

der Pass

ፓስፖርት

der Transport

መጓዓዝያ

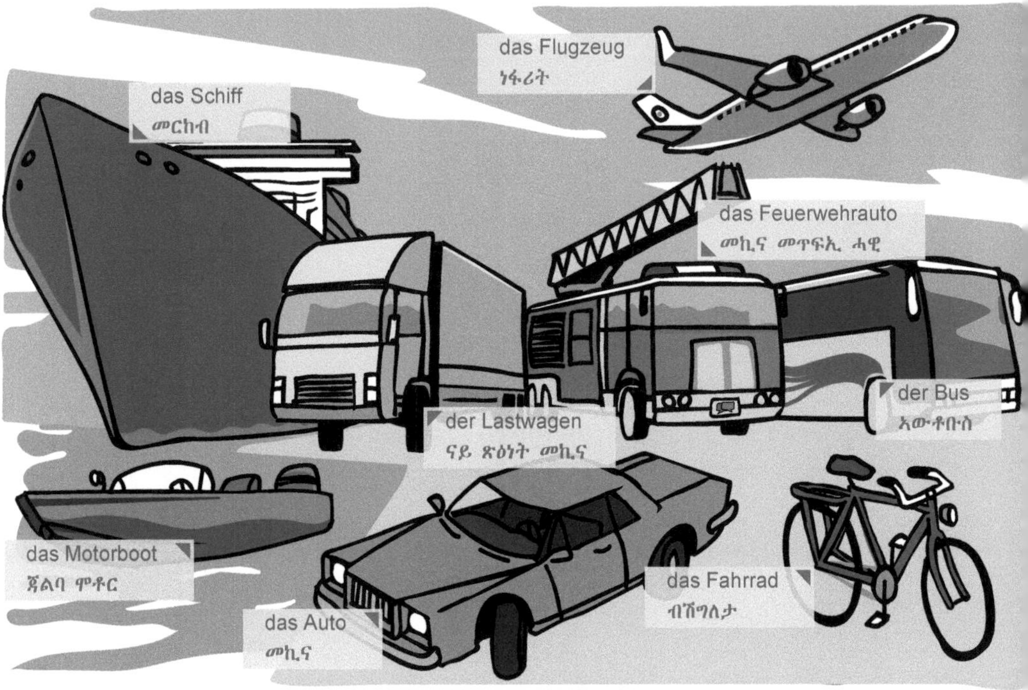
das Flugzeug
ነፋሪት
das Schiff
መርከብ
das Feuerwehrauto
መኪና መጥፋእ ሓዊ
der Bus
ኣውቶቡስ
der Lastwagen
ናይ ጽዕነት መኪና
das Motorboot
ጀልባ ሞቶር
das Fahrrad
ብሽግለታ
das Auto
መኪና

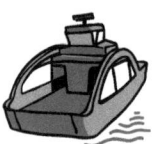

die Fähre

ፈሪ

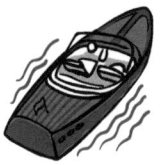

das Boot

ጀልባ

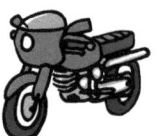

das Motorrad

ሞቶ

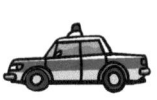

das Polizeiauto

መኪና ፖሊስ

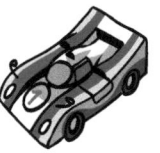

das Rennauto

መኪና ቅድድም

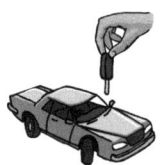

der Mietwagen

ክራይ መኪና

das Carsharing

ምውፋይ መካይን

der Abschleppwagen

መወሰዲ መኪና

das Müllauto

መኪና ጎሓፍ

der Motor

ሞቶር

der Kraftstoff

ነዳዲ

die Tankstelle

እንዳ ነዳዲ

das Verkehrsschild

ምልክት ትራፊክ

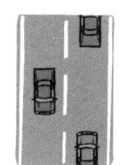

der Verkehr

ትራፊክ

der Stau

ምጭቅጫቕ ትራፊክ

der Parkplatz

መዐሸጊ መኪና

der Bahnhof

መዕረፊ ባቡር

die Schienen

ሓዲግ

der Zug

ባቡር

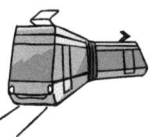

die Straßenbahn

ትረም

der Wagon

ባጎኒ

der Helikopter

ሄሊኮፕተር

der Flughafen

መዓረፈ ነፋርቲ

der Tower

ታወር

der Passagier

ተጓዓዚ

der Container

ኮንተይነር

der Karton

ሳንዱቕ ካርቶን

der Karren

ኮርሳ ጽዕነት

der Korb

ዘንቢል

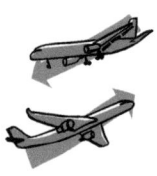

starten / landen

ተበገሰ / ዓለበ

die Stadt

ከተማ

das Dorf

ቀሺት

das Stadtzentrum

ማእከል ከተማ

das Haus

ገዛ

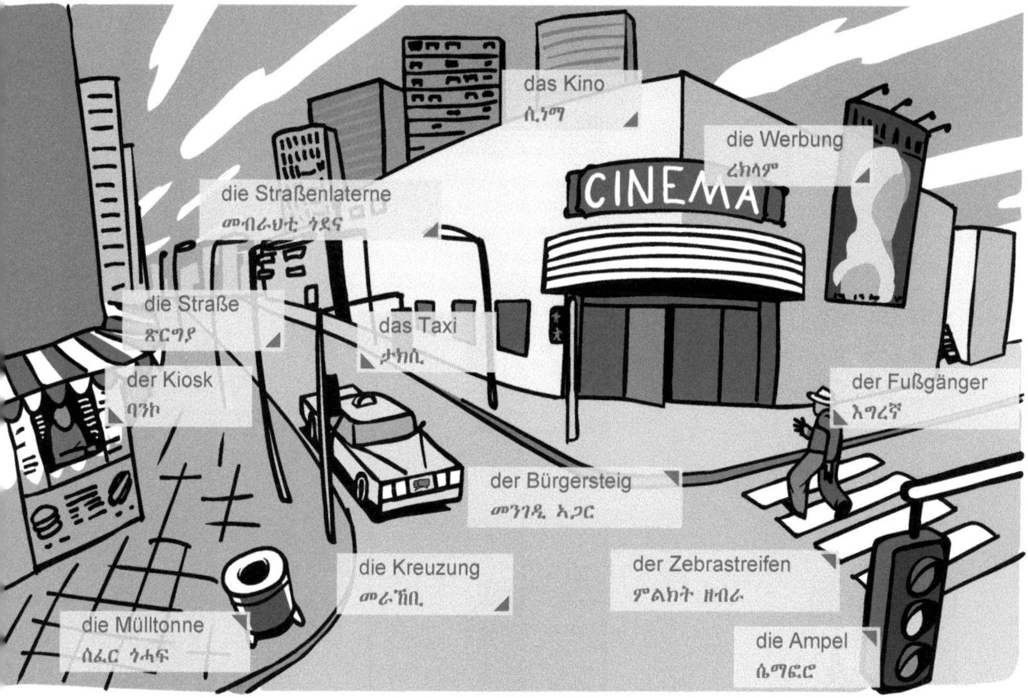

das Kino
ሲኒማ

die Werbung
ሪክላም

die Straßenlaterne
መብራህቲ ጎደና

CINEMA

die Straße
ጽርግያ

das Taxi
ታክሲ

der Kiosk
ባንኮ

der Fußgänger
እግረኛ

der Bürgersteig
መንገዲ ኣጋር

die Kreuzung
መራኸቢ

der Zebrastreifen
ምልክት ዘብራ

die Mülltonne
ስፈር ጎሓፍ

die Ampel
ሴማፎር

die Hütte
አጕዶ

die Wohnung
ኣፓርትመንት

der Bahnhof
መዕረፊ ባቡር

das Rathaus
ቤት ምምሕዳር

das Museum
ቤተ መዘክር

die Schule
ቤት-ትምህርቲ

die Universität

ዩኒቨርሲቲ

die Bank

ባንክ

das Krankenhaus

ሆስፒታል

das Hotel

መቾበሊ አጋይሽ

die Apotheke

ቤት መድሃኒት

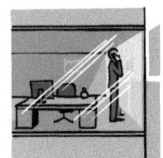

das Büro

ቤት ጽሕፈት

die Buchhandlung

ዱኳን መጽሓፍቲ

das Geschäft

ዱኳን

der Blumenladen

ዱኳን ዕንባባ

der Supermarkt

ሱፐርማርኬት

der Markt

ዕዳጋ

das Kaufhaus

ሾቕ

der Fischhändler

ነጋዳይ ዓሳ

das Einkaufszentrum

ሾቕ

der Hafen

መርሳ

der Park

መዘናግዒ

die Bank

ባንኪ

die Brücke

ድልድል

die Treppe

መደያይቦ

die U-Bahn

ባቡር ትሕቲ ምድሪ

der Tunnel

ቢንቶ

die Bushaltestelle

መዕረፊ ኣውቶቡስ

die Bar

ቤት መስተ

das Restaurant

ቤት-መግቢ

der Briefkasten

ሰታሪት

das Straßenschild

ታቤላ

die Parkuhr

ሰዓት ፓርኪንግ

der Zoo

መካነ እንስሳታት

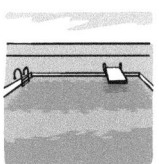

die Badeanstalt

መሓምበሲ

die Moschee

መስጊድ

der Bauernhof

ቤት ሕርሻ

die Umweltverschmutzung

ብከላ

der Friedhof

መቓብር

die Kirche

ቤተክርስትያን

der Spielplatz

ቦታ ምጽዋት

der Tempel

ቤት መቕደስ

die Landschaft

ስእሊ መሬት

das Blatt
ኣቝጽልቲ

der Wegweiser
መሕበሪ መገዲ

der Weg
መገዲ

die Wiese
ሸኻ

der Stein
እምኒ

der Baum
ኣግራብ

der Wanderer
ኮብላሊ

der Fluss
ፈለግ

das Gras
ሳዕሪ

die Blume
ዕንባባ

das Tal

ስንጭሮ

der Berg

ጎቦ

der See

ቀላይ

der Wald

ዱር

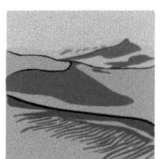

die Wüste

ምድረ በዳ

der Vulkan

እሳተ-ጎመራ

das Schloss

ግምቢ

der Regenbogen

ቀስተ-ደመና

der Pilz

ቃንጥሻ

die Palme

ዓርኮብኮባይ

der Moskito

ጣንጡ

die Fliege

ሃመማ

die Ameise

ጻጸ

die Biene

ንህቢ

die Spinne

ሳሬት

der Käfer

ሕንዚዝ

der Frosch

ዕንቅርዖብ

das Eichhörnchen

ምጽጹላይ

der Igel

ቅንፍዝ

der Hase

ማንቲለ

die Eule

ጉንጓ

die Vogel

ጭሩ

der Schwan

ስዋን

das Wildschwein

መፍለስ

der Hirsch

ዓጋዘን

der Elch

ሙስ

der Staudamm

ግድብ

das Windrad

ተርባይን ንፋስ

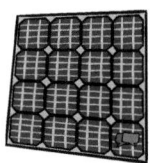

das Solarmodul

ሶላር ስርሓት

das Klima

ኩነታት አየር

der Kellner
አሰላፊ

die Speisekarte
ካርታ መግብታት

der Stuhl
መንበር

die Suppe
መረቕ

die Pizza
ፒትሳ

das Besteck
መመታተሪ

die Tischdecke
ክዳን ጣውላ

die Vorspeise
ቅድም ቀንዲ መግቢ

das Hauptgericht
ቀንዲ መአዲ

die Nachspeise
ድሕረ መግቢ

die Getränke
መስተ

das Essen
መግቢ

die Flasche
ጥርሙዝ

das Fastfood

ስሉጥ መግቢ

das Streetfood

መግቢ ጽርግያ

die Teekanne

ብርጭቆ ሻሂ

die Zuckerdose

ታኒካ ሽኮር

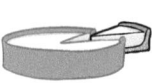

die Portion

ክፋል

die Espressomaschine

ማሺን ኤስፕረሶ

der Hochstuhl

ነዊሕ መንበር

die Rechnung

ጸብጻብ

das Tablett

ታብለት

das Messer

ካራ

die Gabel

ፋርከታ

der Löffel

ማንካ

der Teelöffel

ማንካ ሻሂ

die Serviette

ሰርቪየተ

das Glas

ብኬሪ

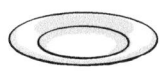

der Teller

ሸሓኒ

der Suppenteller

ሸሓኒ መረቕ

die Untertasse

ትሕቲ ኩባያ

die Sauce

ጸብሒ

der Salzstreuer

ወሃቢ ጨው

die Pfeffermühle

መጥሓን በርበረ

der Essig

አቾቶ

das Öl

ዘይቲ

die Gewürze

ቀመም

das Ketchup

ከቾፕ

der Senf

አድሪ

die Mayonnaise

ማዮኔዝ

der Supermarkt

ሱፐርማርክት

das Angebot
ወፈያ
FOR
der Kunde
ዓሚል
die Milchprodukte
ፍርያታት ጸባ
das Obst
ፍረታት
der Einkaufswagen
ሰረገላ ዱኳን

BUTCHERS

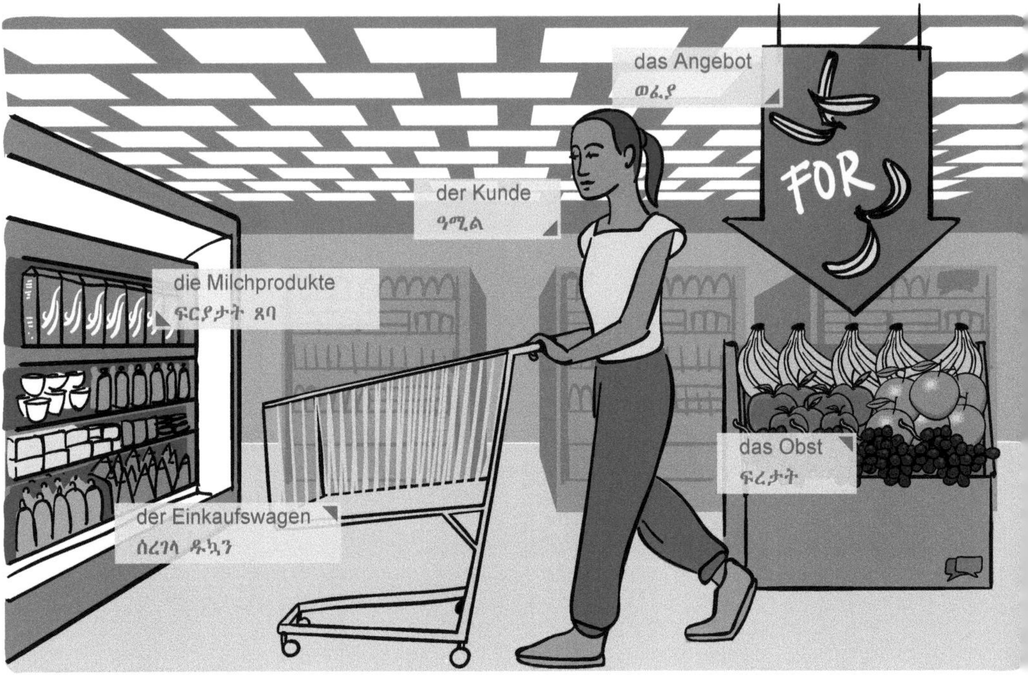

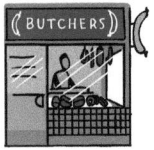

die Schlachterei

እንዳ ስጋ

BAKERY

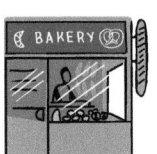

die Bäckerei

እንዳ ባኒ

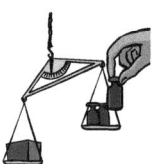

wiegen

ክብደት

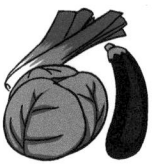

das Gemüse

ኣሕምልቲ

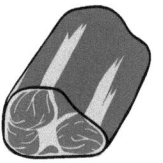

das Fleisch

ስጋ

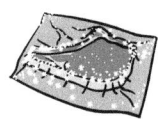

die Tiefkühlkost

መግቢ ፍሪጅ በረድ

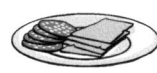

der Aufschnitt

ዝሑል ቅሩብ መግቢ

die Konserven

እስታሳ

das Waschmittel

ኣሞ

die Süßigkeiten

ምቁር መግቢ

die Haushaltsartikel

ዘቤታውያን ኣቑሑ

das Reinigungsmittel

ናውቲ መጽረዬ

die Verkäuferin

ሸቃጣይ

die Kasse

ካሳ

der Kassierer

ተሓዝ ገንዘብ

die Einkaufsliste

ዝርዝር ምግዛእ

die Öffnungszeiten

ክፉት ሰዓታት

die Brieftasche

ማሕፉዳ

die Kreditkarte

ክሬዲት ካርድ

die Tasche

ሳንጣ

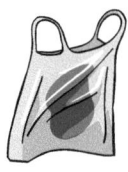

die Plastiktüte

ፌስታል

das Wasser

ማይ

der Saft

ጁማቍ

die Milch

ጸባ

die Cola

ኮላ

der Wein

ነቢት

das Bier

ቢራ

der Alkohol

አልኮል

der Kakao

ካካው

der Tee

ሻሂ

der Kaffee

ቡን

der Espresso

ኤስፕሬሶ

der Cappuccino

ካፑቺኖ

die Banane

ባናና

der Apfel

ቱፋሕ

die Orange

አራንሺ

die Melone

ብርጭቆ

die Zitrone

ለሚን

die Karotte

ካሮት

der Knoblauch

ጸዕዳ ሽጉርቲ

der Bambus

ባምቡስ

die Zwiebel

ሽጉርቲ

der Pilz

ቅንጥሻ

die Nüsse

ፉል

die Nudeln

ፓስታ

die Spaghetti

ስፓገቲ

der Reis

ሩዝ

der Salat

ሰላጣ

die Pommes frites

ቅልዋ ድንሽ

die Bratkartoffeln

ቅሉው ድንሽ

die Pizza

ፒትሳ

der Hamburger

ሃምቡርገር

das Sandwich

ፓኒኖ

das Schnitzel

ቢስተካ

der Schinken

ሰለፍ ሓሰማ

die Salami

ሳላሚ

die Wurst

ግዕዝም

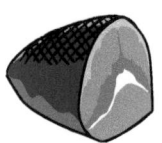

das Huhn

ደርሆ

der Braten

ቀለወ

der Fisch

ዓሳ

das Essen - መግቢ

die Haferflocken

ገዓት

das Müsli

ሙስሊ

die Cornflakes

ኮርንፍለይክስ

das Mehl

ሓርጭ

das Croissant

ክሮሶን

das Brötchen

ባኒ

das Brot

ባኒ

der Toast

ቶስት

die Kekse

ብሽኮቲ

die Butter

ጠስሚ

der Quark

ርጎኦ

der Kuchen

ፓስተ

das Ei

እንቊቊሐ

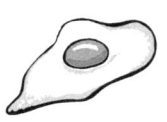

das Spiegelei

ቅሉው እንቊቊሐ

der Käse

ፋርማጆ

die Eiscreme

አይስ ክሪም

der Zucker

ሽኮር

der Honig

መዓር

die Marmelade

ጅም

die Nougat-Creme

ኑጋት-ክሪም

das Curry

ኩሪ

der Bauernhof

ቤት ሕርሻ

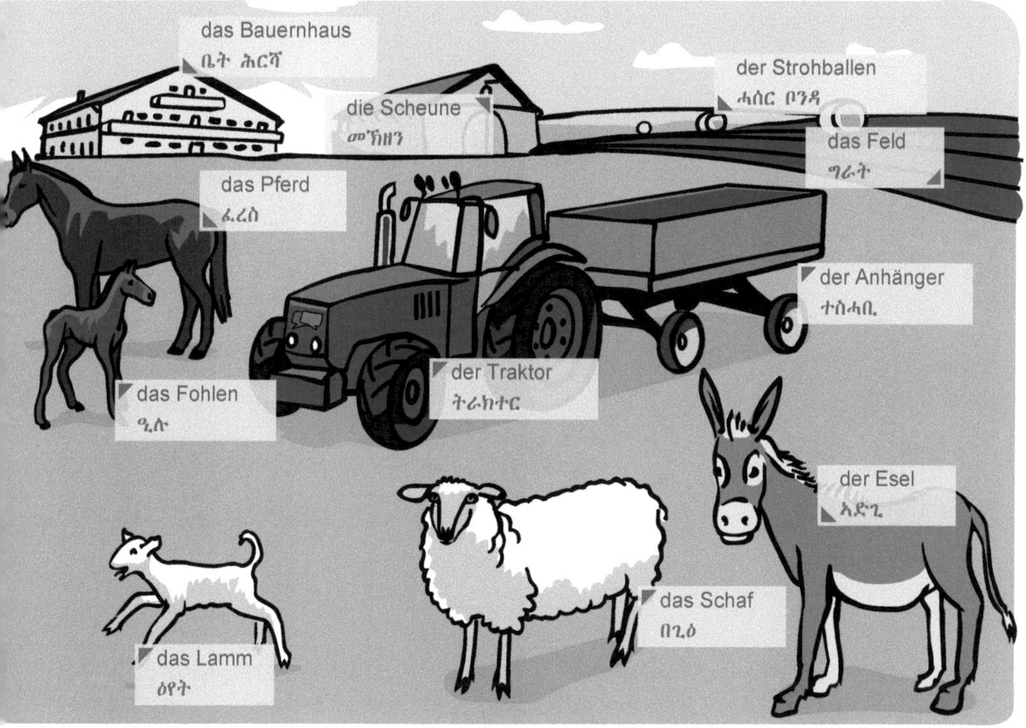
das Bauernhaus
ቤት ሕርሻ
die Scheune
መኽዘን
der Strohballen
ሓሰር ቦንዳ
das Feld
ግራት
das Pferd
ፈረስ
der Anhänger
ተሰሓቢ
der Traktor
ትራክተር
das Fohlen
ዒሉ
der Esel
ኣድጊ
das Schaf
በጊዕ
das Lamm
ዕየት

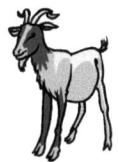

die Ziege

ጤል

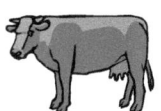

die Kuh

ብዕራይ

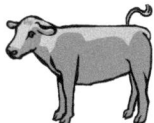

das Kalb

ምራኽ

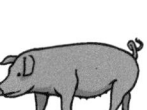

das Schwein

ሓሰማ

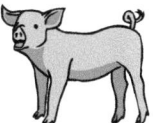

das Ferkel

ውላድ ሓሰማ

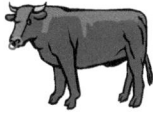

der Bulle

ኣርሓ

die Gans

ዓሳ

die Ente

ማይ ደርሆ

das Küken

ጫጩት

das Huhn

ደርሆ

der Hahn

አርሓ ደርሆ

die Ratte

አንጨዋ ዓባይ

die Katze

ድሙ

die Maus

አንጭዋ

der Ochse

ብዕራይ

der Hund

ከልቢ

die Hundehütte

አጉዶ ከልቢ

der Gartenschlauch

ቱባ ጆርዲን

die Gießkanne

መዝሊሊ ማይ

die Sense

ዓቢ ማዕጺድ

der Pflug

ማሕረሻ

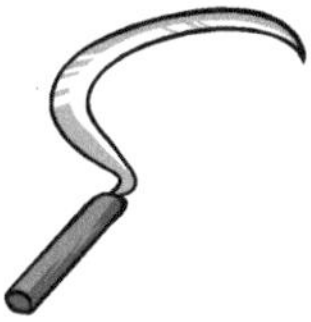

die Sichel
....
ማዕጺድ

die Hacke
....
ጭኾሮ

die Mistgabel
....
መስአ

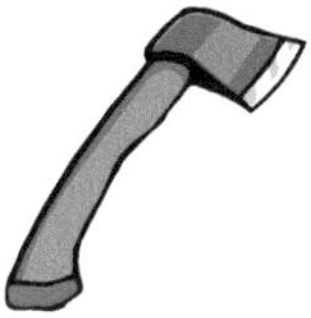

die Axt
....
ፋስ

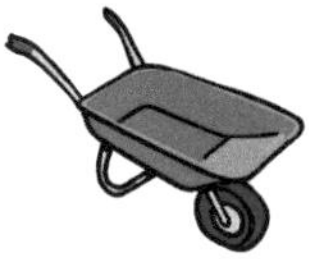

die Schubkarre
....
ዓረብያ ኢድ

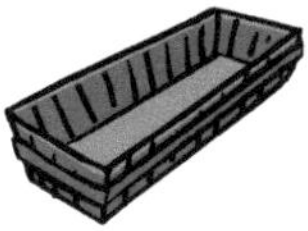

der Trog
....
ጋብላ

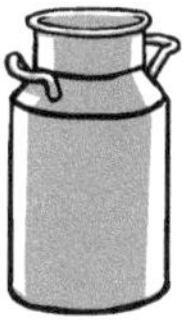

die Milchkanne
....
ብርጭቆ ጸባ

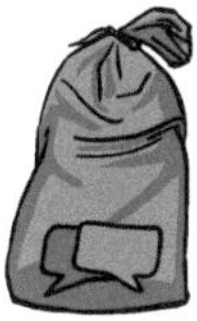

der Sack
....
ክሻ

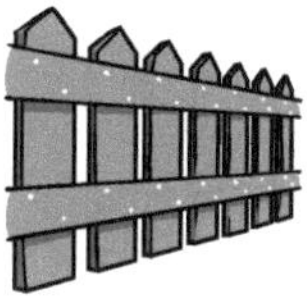

der Zaun
....
ሓጹር

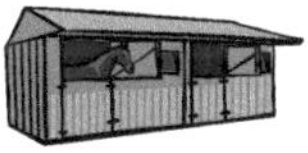

der Stall
....
መጓሰስ

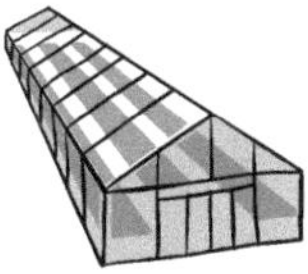

das Treibhaus
....
ቐጠልያ ገዛ

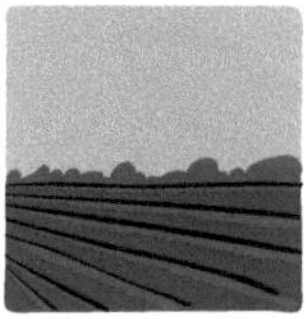

der Boden
....
ባይታ

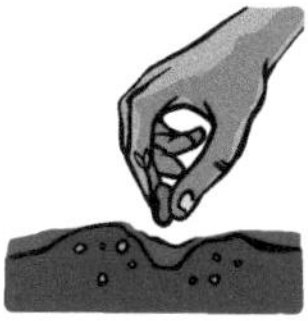

die Saat
....
ዘርኢ

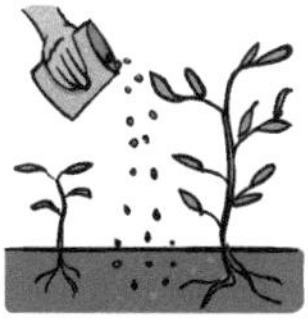

der Dünger
....
ድኹዒ

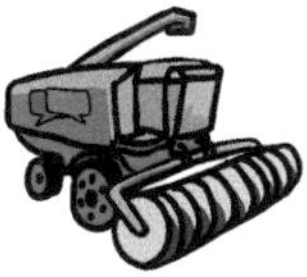

der Mähdrescher
....
ዘጣምር ቀውዓይ

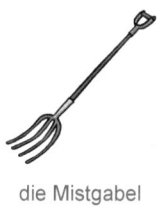

ernten

ቀው·ስ

die Ernte

ጻማ

die Yamswurzel

ድንሽ ያም

der Weizen

ስርናይ

das Soja

ሶያ

die Kartoffel

ድንሽ

der Mais

ዕፉን

der Raps

ራፕስ

der Obstbaum

ገረብ ፍረታት

der Maniok

ማኒአክ

das Getreide

አእኻል

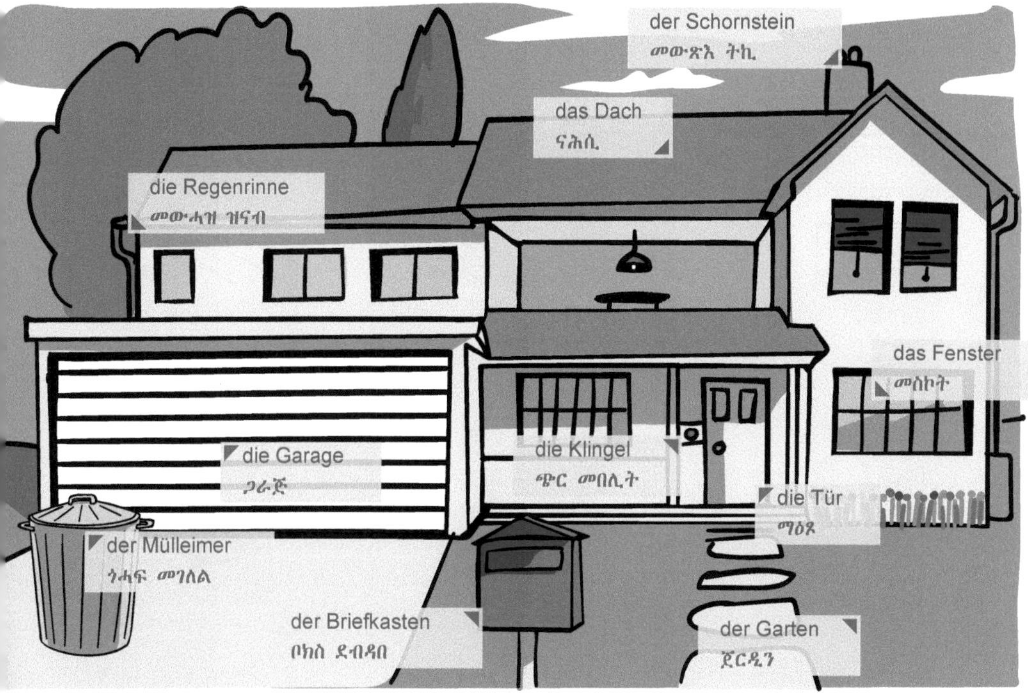

der Schornstein
መውጽእ ትኪ

das Dach
ናሕሲ

die Regenrinne
መውሓዝ ዝናብ

das Fenster
መስኮት

die Garage
ጋራጅ

die Klingel
ጭር መበሊት

die Tür
ማዕጾ

der Mülleimer
ጐሓፍ መገለል

der Briefkasten
ቦክስ ደብዳበ

der Garten
ጀርዲን

das Wohnzimmer

ክፍሊ ምቕማጥ

das Badezimmer

ክፍሊ ባንዮ

die Küche

ክሽነ

das Schlafzimmer

ክፍሊ መደቀሲ

das Kinderzimmer

ክፍሊ ቆልዑ

das Esszimmer

መመገቢ ክፍሊ

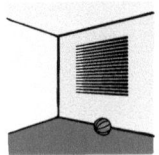

der Boden

ባይታ

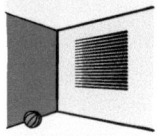

die Wand

መንደቅ

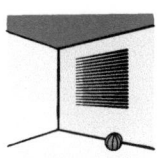

die Decke

ከቦርታ

der Keller

ካንቲና

die Sauna

ሳውና

der Balkon

ባልኮን

die Terrasse

ዛላ

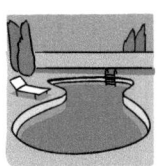

das Schwimmbad

መሕምበሲ

der Rasenmäher

መቝረጺ ሳዕሪ

der Bettbezug

አንሶላ ዓራት

die Bettdecke

ከቦርታ ዓራት

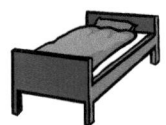

das Bett

ዓራት

der Besen

መኾስተር

der Eimer

መገለል

der Schalter

መወልጒት

das Wohnzimmer

ክፍሊ ምኽማጥ

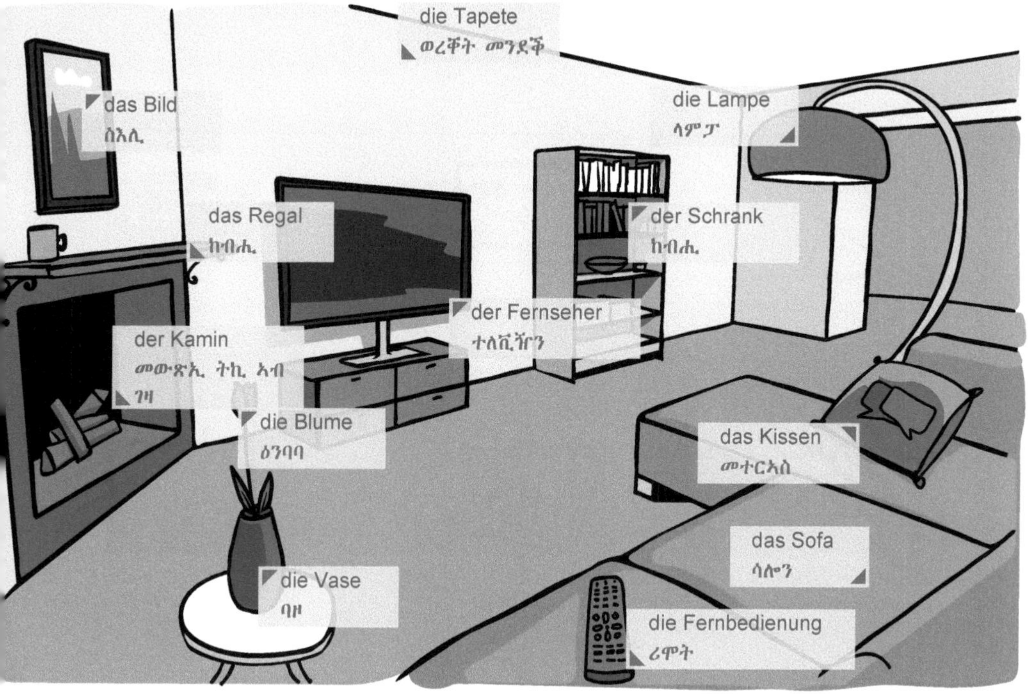

die Tapete
ወረቐት መንደቕ
das Bild
ስእሊ
die Lampe
ላምፓ
das Regal
ከብሒ
der Schrank
ከብሒ
der Fernseher
ተለቪዥን
der Kamin
መውጽኢ ትኪ ኣብ ገዛ
die Blume
ዕንባባ
das Kissen
መተርኣስ
das Sofa
ሳሎን
die Vase
ባዞ
die Fernbedienung
ሪሞት

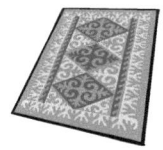

der Teppich

መንጸፍ

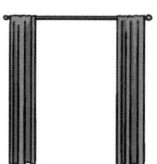

der Vorhang

መጋረጃ

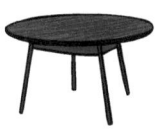

der Tisch

ጣውላ

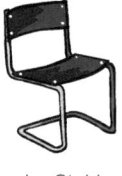

der Stuhl

መንበር

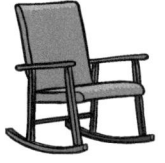

der Schaukelstuhl

ሰለል ዝብል መንበር

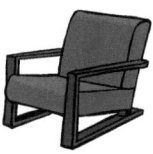

der Sessel

መንበር ምቹእ

das Buch

መጽሓፍ

die Decke

ከቦርታ

die Dekoration

ስልማት

das Feuerholz

እንጨይቲ ሓዊ

der Film

ፊልም

die Stereoanlage

ስተረዮ

der Schlüssel

መፍትሕ

die Zeitung

ጋዜጣ

das Gemälde

ቕብኣ

das Poster

ፖስተር

das Radio

ሬድዮ

der Notizblock

ጥራዝ

der Staubsauger

መልገሲ ደርና

der Kaktus

በለስ

die Kerze

ሽምዓ

die Küche
ክሽን

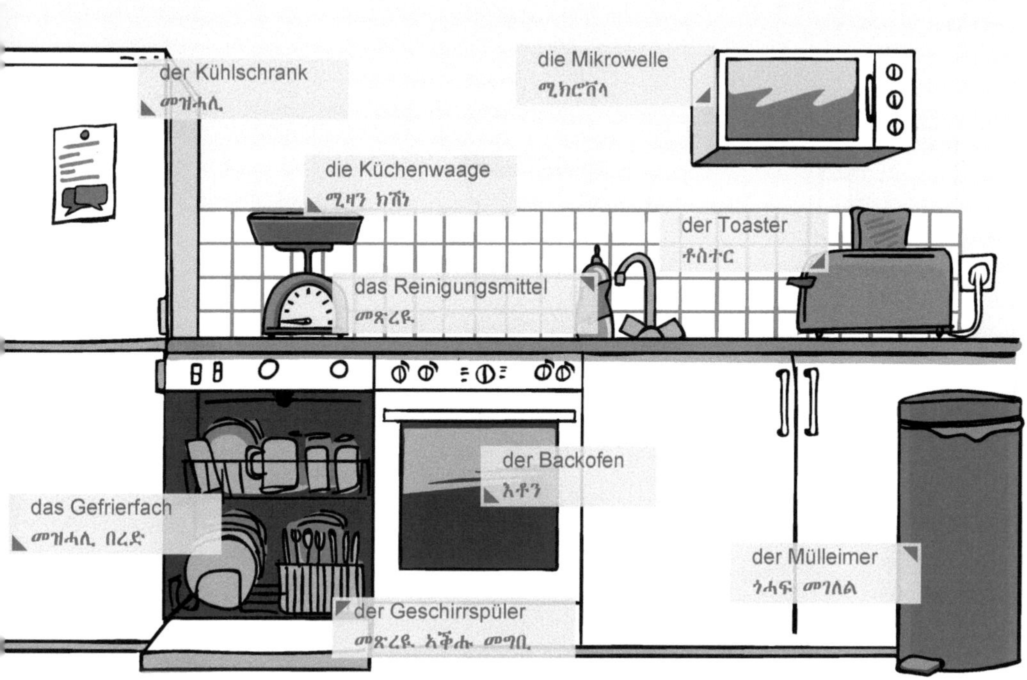
der Kühlschrank
መዝሓሊ
die Mikrowelle
ሚክሮቨላ
die Küchenwaage
ሚዛን ክሽን
der Toaster
ቶስተር
das Reinigungsmittel
መጽረዪ
der Backofen
እቶን
das Gefrierfach
መዝሓሊ በረድ
der Mülleimer
ጎሓፍ መገለል
der Geschirrspüler
መጽረዪ ኣቕሑ መግቢ

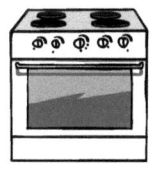

der Herd
....
መኽሸኒ

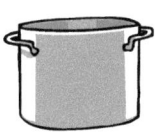

der Topf
....
ድስቲ

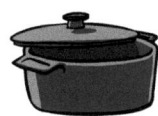

der Eisentopf
....
ድስቲ ሓጺን

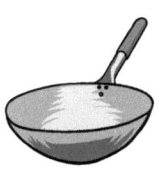

der Wok / Kadai
....
ቮክ/ካዳይ

die Pfanne
....
ባደላ

der Wasserkocher
....
መውዓዪ ማይ

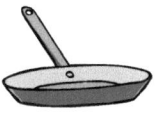

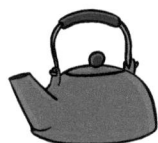

der Dampfgarer

መፍልሒ

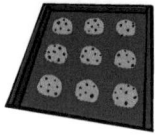

das Backblech

ጎንቴራ ምስንካት

das Geschirr

ኣቕሑ መግቢ

der Becher

ብርጭቆ

die Schale

ጭሓሎ

die Essstäbchen

ማንካቺና

die Suppenkelle

ማንካ መረቕ

der Pfannenwender

መገልበጢ ባደላ

der Schneebesen

መኹስተር ውርጪ

das Kochsieb

መንፈት መግቢ

das Sieb

መንፈት

die Reibe

መፋሕፍሒ

der Mörser

ሞርታር

der Grill

ባርቢክዩ

die Feuerstelle

ስፍራ ሓዊ

das Schneidebrett

እንጨይቲ ምምታር

das Nudelholz

እንጨይቲ ኩረር

der Korkenzieher

መኽፈት ቡሽ

die Dose

ታኒካ

der Dosenöffner

መኽፈቲ ታኒካ

der Topflappen

ጨርቂ ድስቲ

das Waschbecken

ቡምባ

die Bürste

አስባስላ

der Schwamm

ሰፍነግ

der Mixer

ሓዋሲ አደባላቒ

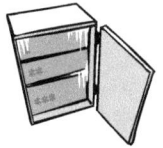

die Gefriertruhe

መዝሓሊ በረድ

die Babyflasche

ጥርሙዝ ማማይ

der Wasserhahn

ቡምባ ማይ

die Heizung
መውዓዪ

die Dusche
መሕጸቢ ሻወር

das Handtuch
ሸጎማጥ

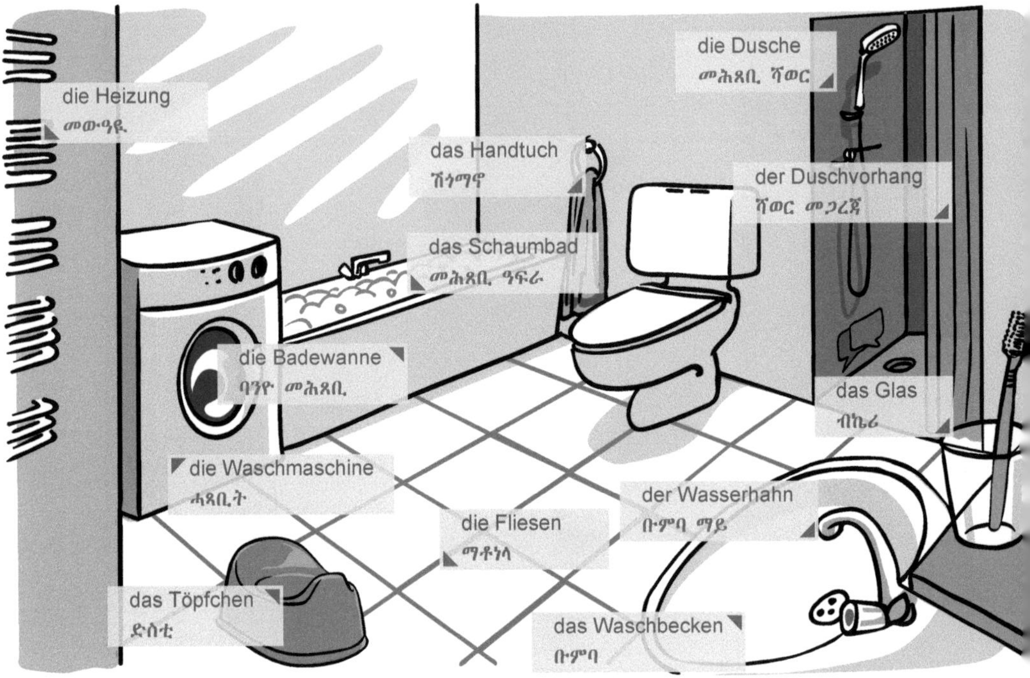

der Duschvorhang
ሻወር መጋረጃ

das Schaumbad
መሕጸቢ ዓፍራ

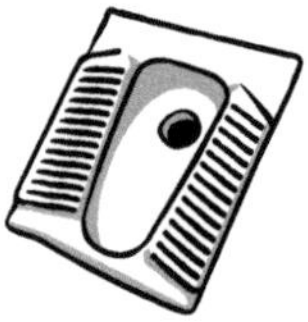

die Badewanne
ባንዮ መሕጸቢ

das Glas
ብኬሪ

die Waschmaschine
ሓጻቢት

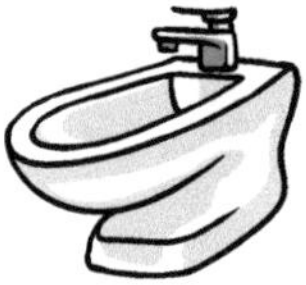

der Wasserhahn
ቡምባ ማይ

die Fliesen
ማቶነላ

das Töpfchen
ድስቲ

das Waschbecken
ቡምባ

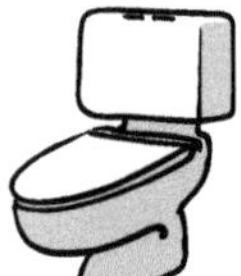

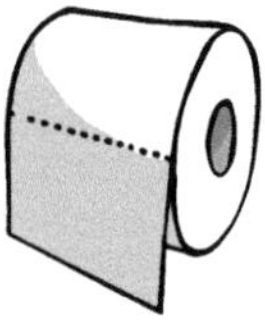

die Toilette	die Hocktoilette	das Bidet
ሽቓቕ	ሽቓቕ ኮፍ	በዱ

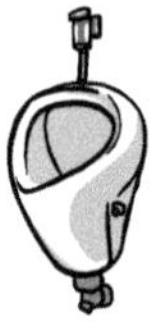 das Pissoir	das Toilettenpapier	die Toilettenbürste
ሽቓቕ ተባዕታይ	ወረቐት ሽቓቕ	ኣስባስላ ሽቓቕ

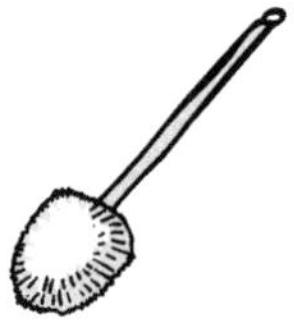

die Zahnbürste

ኣስባስላ ስኒ

die Zahnpasta

ክሬማ ስኒ

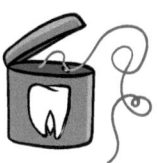

die Zahnseide

ሃሪ ስኒ

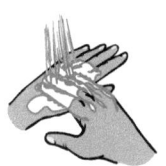

waschen

ሓጸበ

die Handbrause

ዱሽ ኢድ

die Intimdusche

ዱሽ

die Waschschüssel

ብርጭቆ ምሕጸብ

die Rückenbürste

ኣስባስላ ሕቖ

die Seife

ሳምና

das Duschgel

ሻወር ጀል

das Shampoo

ሻምፑ

der Waschlappen

ጨርቂ መሕጸቢ

der Abfluss

መውሓዚ

die Creme

ክሬማ

das Deodorant

ደዮ ጨና

der Spiegel

መስትያት

der Kosmetikspiegel

ናይ ኢድ መስትያት

der Rasierer

መላጸ

der Rasierschaum

ዓፍራ ምልጻይ

das Rasierwasser

ጨና ድሕሪ ምልጻይ

der Kamm

መመሸጥ

die Bürste

አስባስላ

der Föhn

መንቐጺ ጸጉሪ

das Haarspray

ስፕረይ ጸጉሪ

das Makeup

መመላኽዒ

der Lippenstift

ብርዒ ቀለም ከንፈር

der Nagellack

አዝማልቶ

die Watte

ጸምሪ ጡጥ

die Nagelschere

መስደዲ ጽፍሪ

das Parfum

ጨና

der Kulturbeutel

ሳንጣ መሕጸቢ

der Hocker

ድኳ

die Waage

ሚዛን

der Bademantel

ክዳን መሕጸቢ

die Gummihandschuhe

ጓንቲ መጸረዩ

das Tampon

ታምፖን

die Damenbinde

ጨርቂ ሰበይቲ

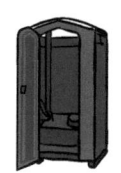

die Chemietoilette

ሽቓቅ ከሚስትሪ

das Kinderzimmer

ክፍሊ ቆልዑ

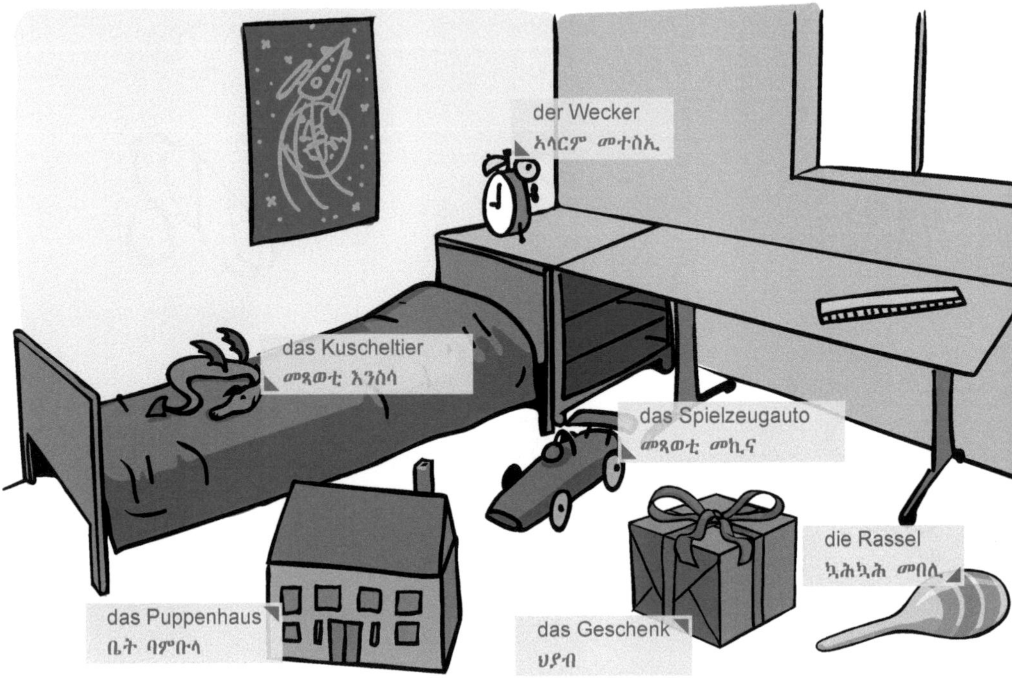
der Wecker
ኣላርም መተስኢ
das Kuscheltier
መጻወቲ እንስሳ
das Spielzeugauto
መጻወቲ መኪና
die Rassel
ኳሕኳሕ መበሊ
das Puppenhaus
ቤት ባምቡላ
das Geschenk
ህያብ

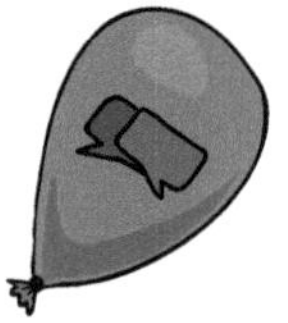

der Ballon

ባላንችና

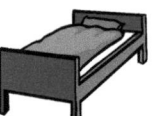

das Bett

ዓራት

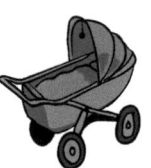

der Kinderwagen

ሰረገላ ህጻን

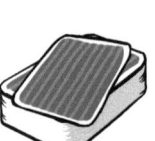

das Kartenspiel

ጸወታ ካርታ

das Puzzle

ሕንቅሊተይ

SUPER
MEGA

der Comic

ኮሜዲ

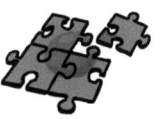

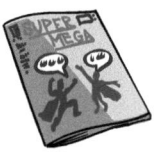

die Legosteine
እምነታት መጻወቲ ለጎ

die Bausteine
መጻወቲ እምነታት

die Action Figur
በዓል አክቸን

der Strampelanzug
ክዳን ማማይ

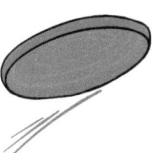

das Frisbee
ፍሪስቢ

das Mobile
ሞባይል ማማይ

das Brettspiel
ጸወታ ሰሌዳ

der Würfel
ኩቦ

die Modelleisenbahn
ሞደል ባቡር ምድሪ

der Schnuller
ዓባስ

die Party
ፓርቲ

das Bilderbuch
መጽሓፍ ስእሊ

der Ball
ኩዕሶ

die Puppe
ባምቡላ

spielen
ተጻወተ

der Sandkasten

መጻወቲ ሓጻ

die Schaukel

ሰላል

das Spielzeug

መጻወቲታት

die Spielkonsole

ኮንሶል ቪድዮ

das Dreirad

መጻወቲ ሰለስተ መንኮርኮር

der Teddy

ተዲ

der Kleiderschrank

ከብሒ ክዳን

die Socken

ካልስታት

die Strümpfe

ነዊሕ ካልስታት

die Strumpfhose

ስረ ካልሲ

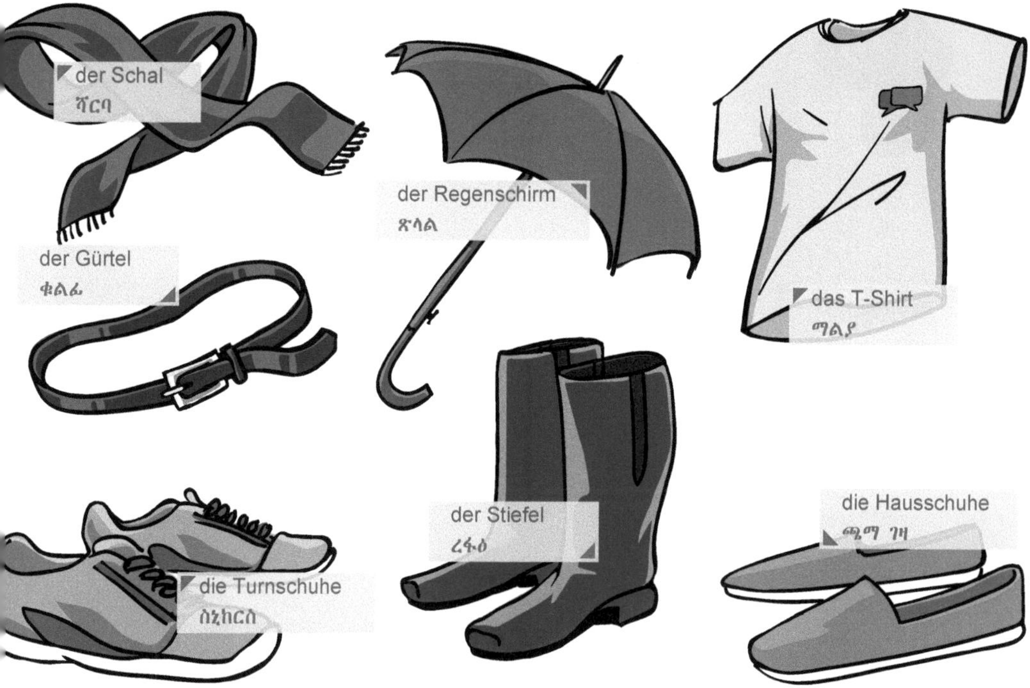

der Schal
ሻርባ

der Regenschirm
ጽላል

das T-Shirt
ማልያ

der Gürtel
ቁልፊ

der Stiefel
ረፋዕ

die Hausschuhe
ጫማ ገዛ

die Turnschuhe
ስኒከርስ

die Sandalen
ሽበጥ

die Schuhe
ጫማ

die Gummistiefel
ረፋዕ ጎማ

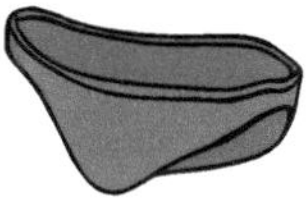

die Unterhose
ሙታንታ

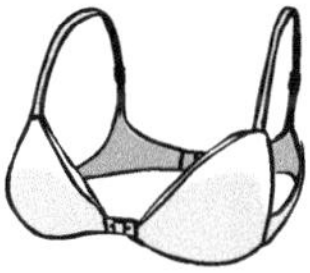

der Büstenhalter
ክዳን ጡብ

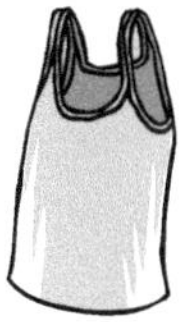

das Unterhemd
ትሕተ ካሚቻ

der Body

ቦዲ

die Hose

ስረ

die Jeans

ጂንስ

der Rock

ቀምሽ

die Bluse

ካምቻ

das Hemd

ካሚቻ

der Pullover

ጉልፎ

der Kapuzenpullover

ኀልፎ

der Blazer

ጃኬት

die Jacke

ጃከት

der Mantel

ጁባ

der Regenmantel

ክዳን ዝናብ

das Kostüm

ኮስቱም

das Kleid

ቀምሽ

das Hochzeitskleid

ቀምሽ መርዓ

der Anzug

ልብሲ.

das Nachthemd

ካሚቻ ለይቲ

der Schlafanzug

ክዳን ለይቲ

der Sari

ሳሪ

das Kopftuch

መሃረብ ርእሲ.

der Turban

ቱርባን

die Burka

ቡርካ

der Kaftan

ካፍታን

die Abaya

አባያ

der Badeanzug

ክዳን መሕምበሲ.

die Badehose

ስረ መሕምበሲ.

die kurze Hose

ሓጺር ስረ

der Trainingsanzug

ክዳን ታዕሊም

die Schürze

በጀ ክዳን

die Handschuhe

ጓንቲ

der Knopf

መልኅም

die Brille

መነጽር

das Armband

በንናጅር

die Halskette

ማዕተብ

der Ring

ቀለበት

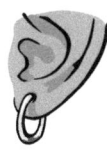

der Ohrring

ኩትሻ

die Mütze

ቆብዕ

der Kleiderbügel

መንበሪ ጁባ

der Hut

ባርኔጣ

die Krawatte

ካርራሻት

der Reißverschluss

ሻርነጣ

der Helm

ሀልመት

der Hosenträger

መድልደል ስረ

die Schuluniform

ድቢዛ ቤትትምህርቲ

die Uniform

ድቢዛ

das Lätzchen

ሰደርያ ቆልን

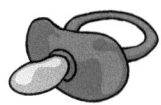

der Schnuller

ዓባስ

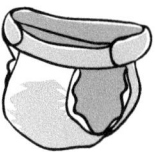

die Windel

ጨርቂ ማማይ

das Büro
ቤት ጽሕፈት

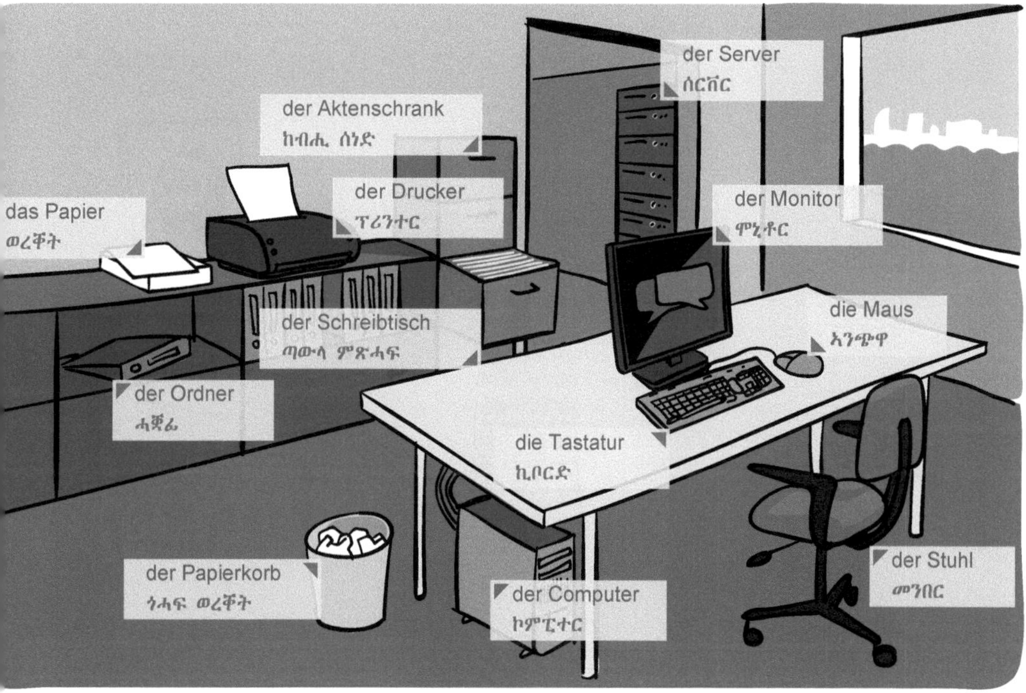

der Server
ሰርቨር

der Aktenschrank
ከብሒ ሰነድ

der Drucker
ፕሪንተር

der Monitor
ሞኒቶር

das Papier
ወረቐት

der Schreibtisch
ጣውላ ምጽሓፍ

die Maus
ኣንጭዋ

der Ordner
ሓጺሬ

die Tastatur
ኪቦርድ

der Papierkorb
ጎሓፍ ወረቐት

der Computer
ኮምፒተር

der Stuhl
መንበር

der Kaffeebecher

ብርጭቆ ቡን

der Taschenrechner

ካልኩለተር

das Internet

ኢንተርነት

der Laptop

ለፕቶፕ

der Brief

ደብዳቤ

die Nachricht

መልእኽቲ

das Handy

ሞባይል

das Netzwerk

ነትወርክ/መርበብ

der Kopierer

መቅድሒ ፎቶኮፒ

die Software

ሶፍትዌር

das Telefon

ተለፎን

die Steckdose

ሶከት ኣረንቲ

das Fax

ፋክስ

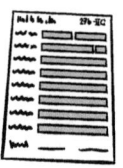

das Formular

ፎርም

das Dokument

ሰነድ

kaufen

ገዛአ

bezahlen

ከፈለ

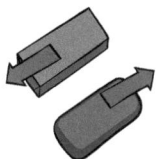

handeln

ንግዴ

das Geld

ገንዘብ

der Dollar

ዶላር

der Euro

አይሮ

der Yen

የን

der Rubel

ሩብል

der Franken

ስዊዝ ፍራንከን

der Renminbi Yuan

ረንሚንቢ ዩዋን

die Rupie

ሩፕየ

der Geldautomat

መውጽኢ ማሺን ገንዘብ

die Wechselstube

በታ ቅያር ገንዘብ

das Gold

ወርቂ

das Silber

ብሩር

das Öl

ዘይቲ

die Energie

ሓይሊ

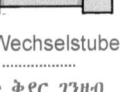

der Preis

ዋጋ

der Vertrag

ውዕል

die Steuer

ቀረጽ

die Aktie

እኩብ ጥሪ-ነገራት

arbeiten

ሰርሐ

der Angestellte

ሰራሕተኛ

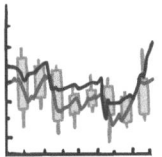

der Arbeitgeber

ኣስራሒ

die Fabrik

ትካል

das Geschäft

ዱኳን

die Berufe
ሞያታት

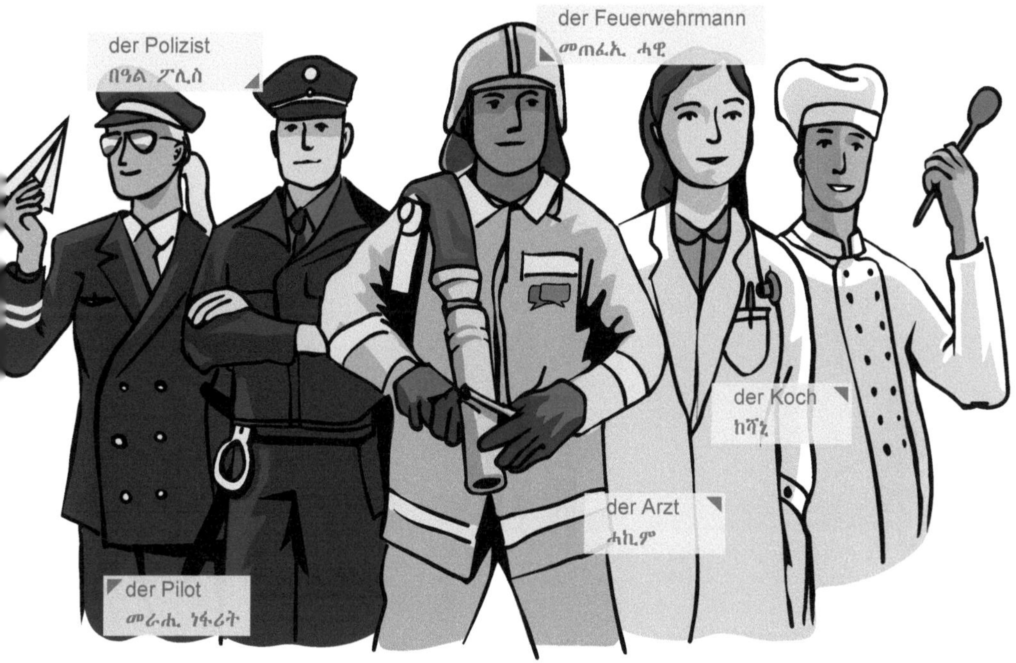
der Feuerwehrmann
መጠፈኢ ሓዊ
der Polizist
በዓል ፖሊስ
der Koch
ከሻኒ
der Arzt
ሓኪም
der Pilot
መራሒ ነፋሪት

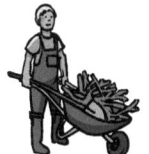

der Gärtner
ሰራሕተኛ ጀርዲን

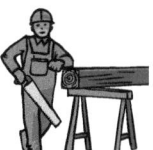

der Tischler
ጸራቢ ዕንጸይቲ

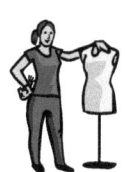

die Näherin
ሰፋይት

der Richter
ፈራዳይ

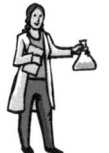

der Chemiker
ቀማሚ

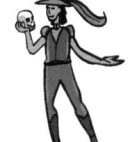

der Schauspieler
ተዋሳኢ

der Busfahrer

መራሒ አዉቶቡስ

der Taxifahrer

አውቲስታ ታክሲ

der Fischer

ገፋሊ ዓሳ

die Putzfrau

ጸራጊት

der Dachdecker

ሃናጻይ ናሕሲ

der Kellner

አሰላፊ

der Jäger

ሃዳናይ

der Maler

ሰኣላይ

der Bäcker

እንዳ ሕብስቲ

der Elektriker

ኤለትሪከኛ

der Bauarbeiter

ሃናጺ አባይቲ

der Ingenieur

ሃንዳሲ

der Schlachter

ሰራሕተኛ እንዳ ስጋ

der Klempner

ድራብሊኮ

der Postbote

አማላላሲ ፖስጣ

der Soldat

ወተሃደር

der Architekt

መሃንድስ

der Kassierer

ተሓዝ ገንዘብ

der Florist

ሰራሕተኛ ዕምባባ

der Friseur

ቀምቃማይ

der Schaffner

ፌተሪኖ

der Mechaniker

መካኒክ

der Kapitän

መራሒ መርከብ

der Zahnarzt

ሓኪም ስኒ

der Wissenschaftler

ተመራማሪ

der Rabbi

ራቢ

der Imam

ኢማም

der Mönch

ፈላሲ

der Geistliche

ቀሺ

die Berufe - ሞያታት

die Werkzeuge

ናውቲ

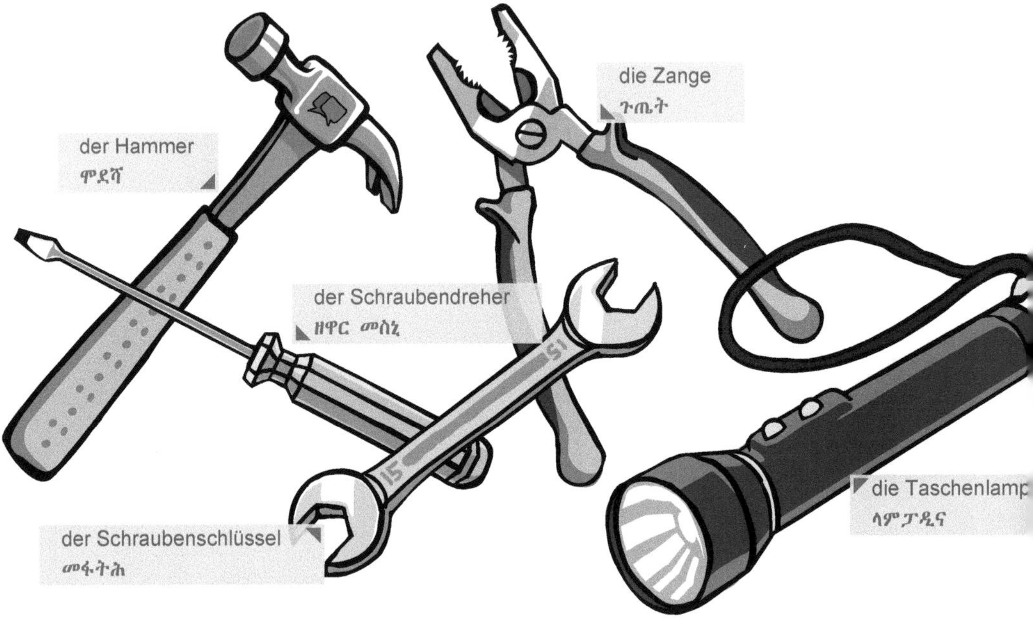
der Hammer
ሞደሻ
die Zange
ጉጤት
der Schraubendreher
ዘዋር መስኒ
der Schraubenschlüssel
መፋትሕ
die Taschenlamp
ላምፓዲና

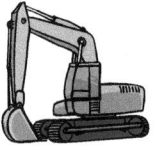

der Bagger
ፈሓሪ

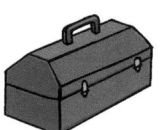

der Werkzeugkasten
ናውቲ ቦክስ

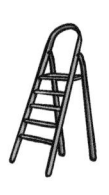

die Leiter
መደያይቦ

die Säge
መጋዝ

die Nägel
መስማር

der Bohrer
ኰዓቲ

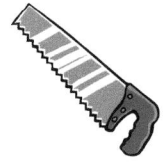

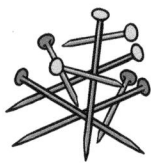

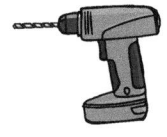

reparieren

ምዕራይ

die Schaufel

ባደላ

Mist!

አይ!

das Kehrblech

መትሓዚ ዶርና

der Farbtopf

ድስቲ ቀለም

die Schrauben

ካቻቢተ

die Musikinstrumente

መሳርሒ ሙዚቃ

das Schlagzeug
ከበሮታት

der Lautsprecher
እስፒከር

die Gitarre
ጊታር

der Kontrabass
ረጉድ ዓባይ ጊታር

die Trompete
ትሮምፐት

das Klavier

ፒያኖ

die Violine

ቫዮሊን

der Bass

ባስ ጊታር

die Pauke

ቲምፓኒ

die Trommeln

ከበሮ

das Keyboard

ኦርጋን

das Saxophon

ሳክሶፎን

die Flöte

ሻምብቆ

das Mikrofon

ሚክሮፎን

der Zoo

መካነ እንስሳታት

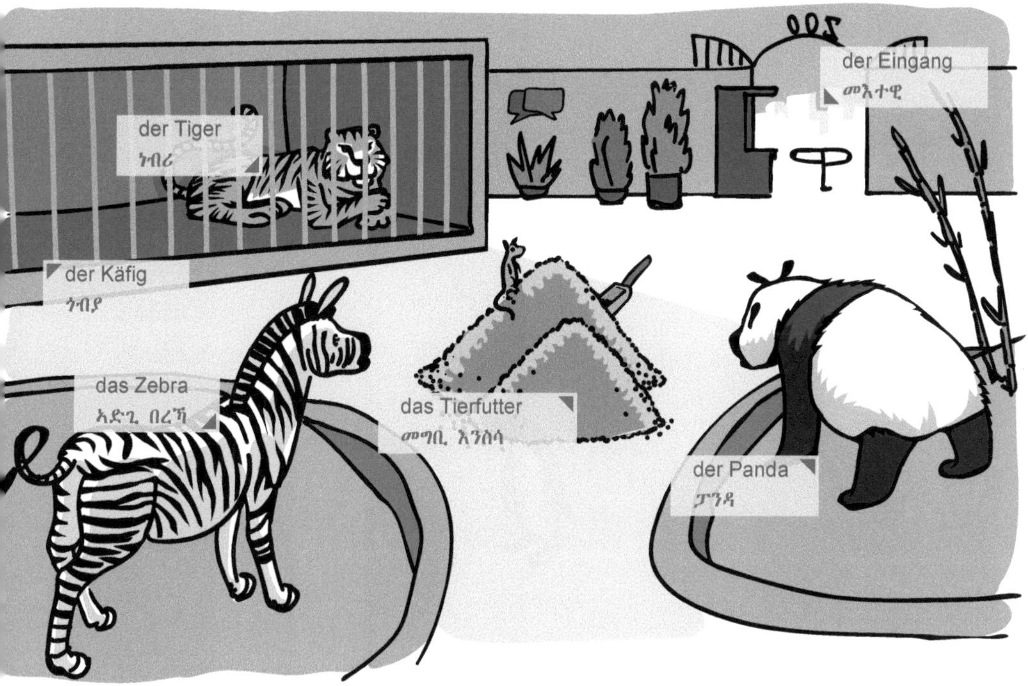
der Eingang
መእተዊ
der Tiger
ነብሪ
der Käfig
ጎብያ
das Zebra
ኣድጊ በረኻ
das Tierfutter
መግቢ እንስሳ
der Panda
ፓንዳ

die Tiere

እንስሳታት

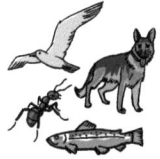

der Elefant

ሓርማዝ

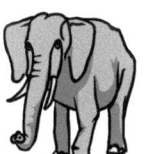

das Känguruh

ካንጋሩ

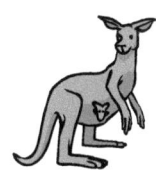

das Nashorn

ሓሪሽ

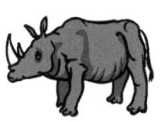

der Gorilla

ጉሪላ

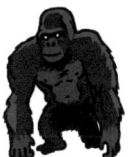

der Bär

ድቢ

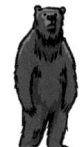

das Kamel

ገመል

der Strauß

ሰገን

der Löwe

አንበሳ

der Affe

ህበይ

der Flamingo

ፍላሚንጎ

der Papagei

ሕንጸይ

der Eisbär

ድቢ በረድ

der Pinguin

ፐንጉን

der Hai

ከልቢ ዓሳ

der Pfau

ጣውስ

die Schlange

ተመን

das Krokodil

ሓርጽ

der Zoowärter

ሓላዊ ቤት ገርድሽ

die Robbe

ዓሳ ዚምገብ እንስሳ ባሕሪ

der Jaguar

ጃጓር

das Pony

ሓጺር ፈረስ

der Leopard

ነብሪ

das Nilpferd

ጉማሬ

die Giraffe

ጂራፍ

der Adler

ሊላ

das Wildschwein

መፍለስ

der Fisch

ዓሳ

die Schildkröte

ጎብየ

das Walross

ዋልሩስ

der Fuchs

ወኻርያ

die Gazelle

ሰስሓ

das American Football
ናይ አሜሪካ ኩዕሶ እግሪ

das Radfahren
ምዝዋር ብሽግላታ

das Tennis
ተኒስ

der Basketball
ባስክትባል

das Schwimmen
ም'ሕምባስ

das Boxen
ቦክሲንግ

das Eishockey
ሆኪ በረድ

der Fußball
ኩዕሶ እግሪ

das Badminton
ባድሚንቶን

die Leichtathletik
እስፖርታዊ ንጥፈታት

der Handball
ኩዕሶ ኢድ

das Skilaufen
ስኪ

das Polo
ፖሎ

die Aktivitäten
ንጥፈታት

lachen
ሰሓቐ
springen
ነጠረ
umarmen
ሓቖፈ
gehen
ከደ
singen
ደረፈ
träumen
ሓለመ
beten
ጸለየ
küssen
ሰዓመ

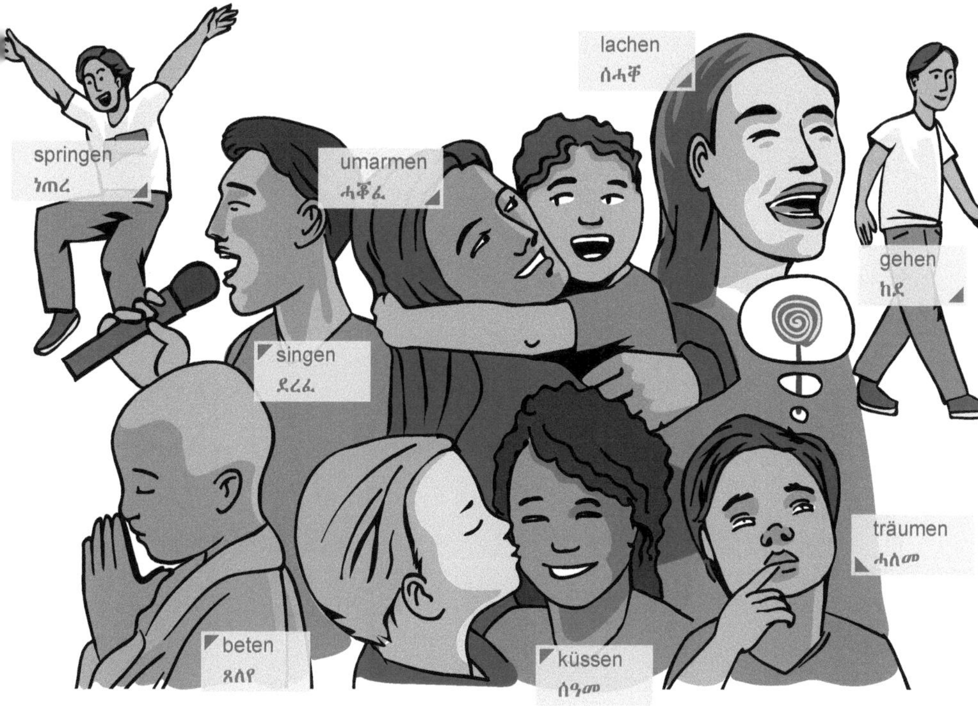

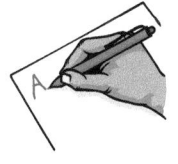

schreiben

ጸሓፈ

zeichnen

ሰኣለ

zeigen

ኣርኣየ

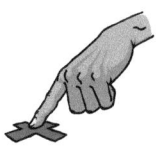

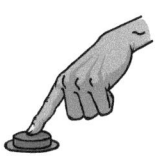

drücken

ደፍአ

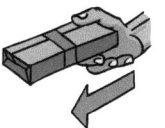

geben

ሃበ

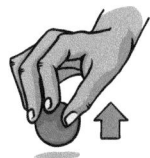

nehmen

ወሰደ

haben

አለው

tun

ገበረ

sein

ኮነ

stehen

ጠጠው በለ

laufen

ጎየየ

ziehen

ሰሓበ

werfen

ሰንደወ

fallen

ወደቐ

liegen

ሓሰወ

warten

ተጸበየ

tragen

ሰከመ

sitzen

ኮፍ በለ

anziehen

ተኸድነ

schlafen

ደቀሰ

aufwachen

ተስአ

ansehen

ረአየ

weinen

በኸየ

streicheln

ብኣጻብዑ ደረዘ

kämmen

መሽጠ

reden

ተዛረበ

verstehen

ተረድአ

fragen

ሓተተ

hören

ሰምዐ

trinken

ሰተየ

essen

በልዐ

aufräumen

አጽመጠ

lieben

አፍቀረ

kochen

ከሽነ

fahren

ዘወረ

fliegen

ነፈረ

die Aktivitäten - ንጥፈታት

segeln

ብመርከብ ገየሽ

rechnen

ደመረ

lesen

አንበበ

lernen

ተመሃረ

arbeiten

ሰርሐ

heiraten

መርዓወ

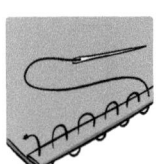

nähen

ሰፈየ

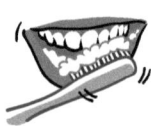

Zähne putzen

ጽሬት አስናን

töten

ቀተለ

rauchen

ሽጋራ ተከኸ

senden

ሰደደ

die Familie

ስድራቤት

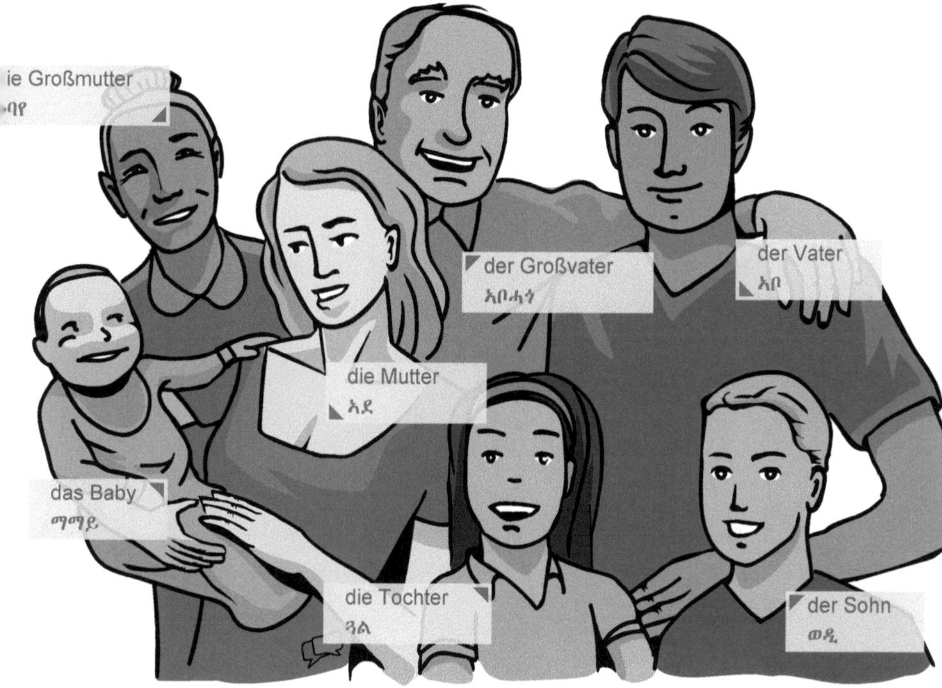

ie Großmutter
ባየ
der Großvater
ኣቦሓጎ
der Vater
ኣቦ
die Mutter
ኣደ
das Baby
ማማይ
die Tochter
ጓል
der Sohn
ወዲ

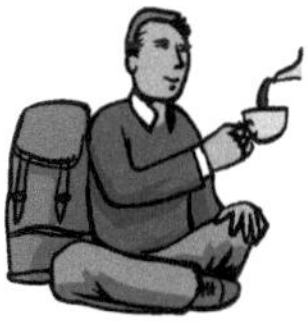

der Gast

....

ጋሻ

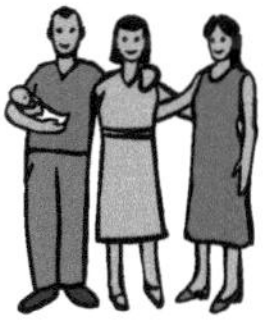

die Tante

....

ሓትኖ

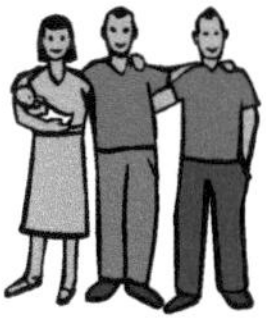

der Onkel

....

ኣኮ

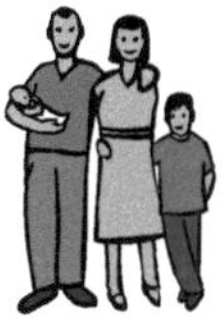

der Bruder

....

ሓው

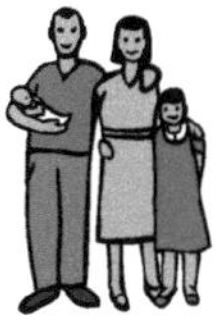

die Schwester

....

ሓፍቲ

der Körper

ኣካላት

die Stirn
ግንባር
das Auge
ዓይኒ
die Schulter
መንኩብ
der Finger
ኣጻብዕ
das Gesicht
ገጽ
das Kinn
መንከስ
die Hand
ኢድ
das Bein
ሽፋን እግሪ
die Brust
ኣፍ-ልቢ
der Arm
ምናት

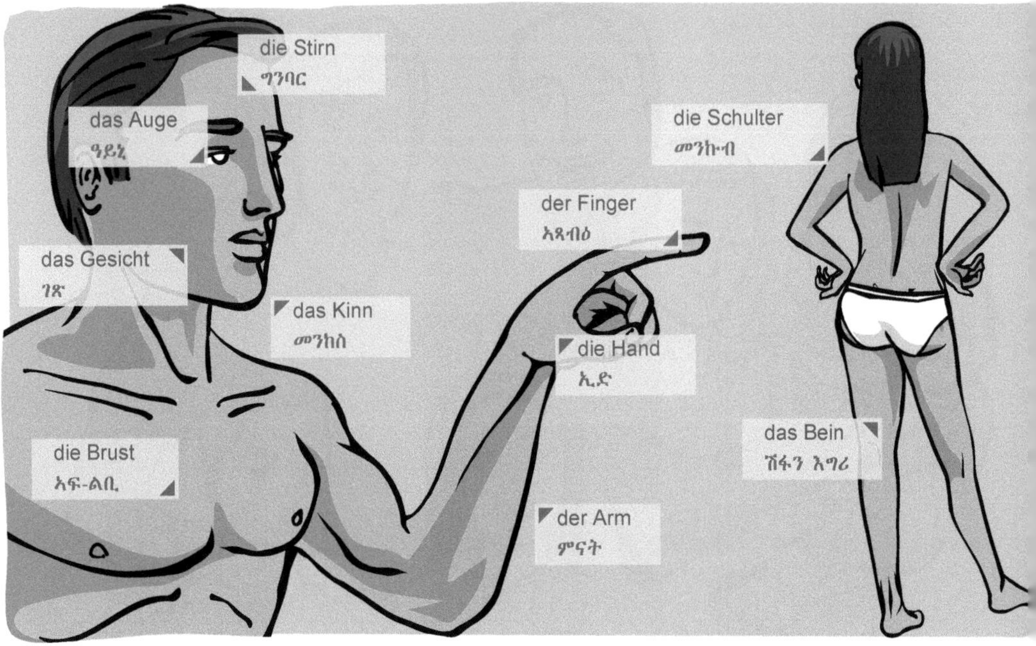

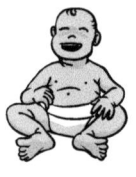

das Baby

ማማይ

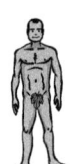

der Mann

ሰብኣይ

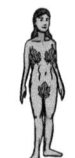

die Frau

ሰበይቲ

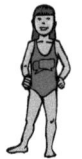

das Mädchen

ጓል

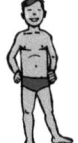

der Junge

ወዲ

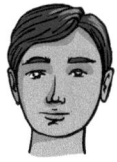

der Kopf

ርእሲ

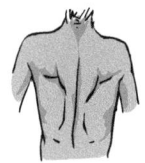

der Rücken

ሕቖ

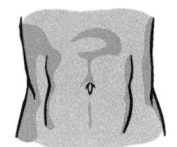

der Bauch

ከስዐ

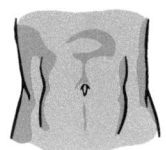

der Nabel

ሕምብርቲ

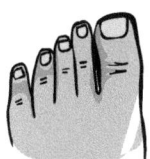

der Zeh

ኣጻብዕ እግሪ

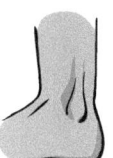

die Ferse

ኩርኵሪ

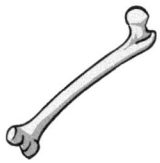

der Knochen

ዓጽሚ

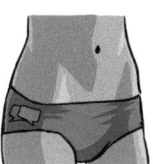

die Hüfte

ምሕኮልቲ

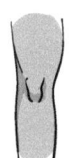

das Knie

ብርኪ

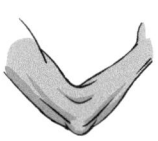

der Ellenbogen

ፍግፍጉ

die Nase

ኣፍንጫ

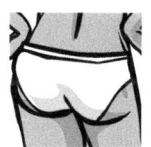

das Gesäß

መዓኮር

die Haut

ቆርበት

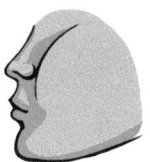

die Wange

ምዕጉርቲ

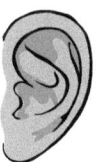

das Ohr

እዝኒ

die Lippe

ከንፈር

der Mund

አፍ

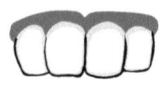

der Zahn

ስኒ

die Zunge

መልሓስ

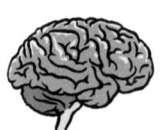

das Gehirn

ሓንጎል

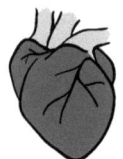

das Herz

ልቢ

der Muskel

ጭዋዳ

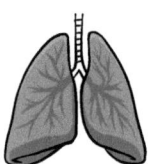

die Lunge

ሳንቡእ

die Leber

ጸላም ከብዲ

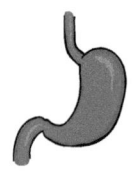

der Magen

ከብዲ

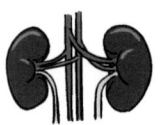

die Nieren

ኩሊት

der Geschlechtsverkehr

ግብረ ስጋ

das Kondom

ኮንዶም

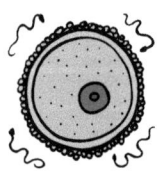

die Eizelle

እንቋቍሖ

das Sperma

ዘርኢ ተባዕታይ

die Schwangerschaft

ጥንሲ

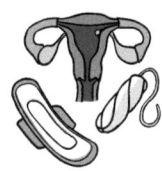

die Menstruation

ጽግያት

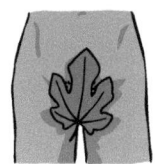

die Vagina

ርሕሚ

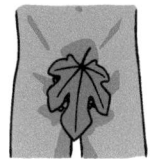

der Penis

መትሎ

die Augenbraue

ሽፋሽፍቲ

das Haar

ጸግሪ

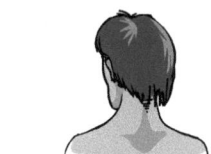

der Hals

ክሳድ

das Krankenhaus

ሆስፒታል

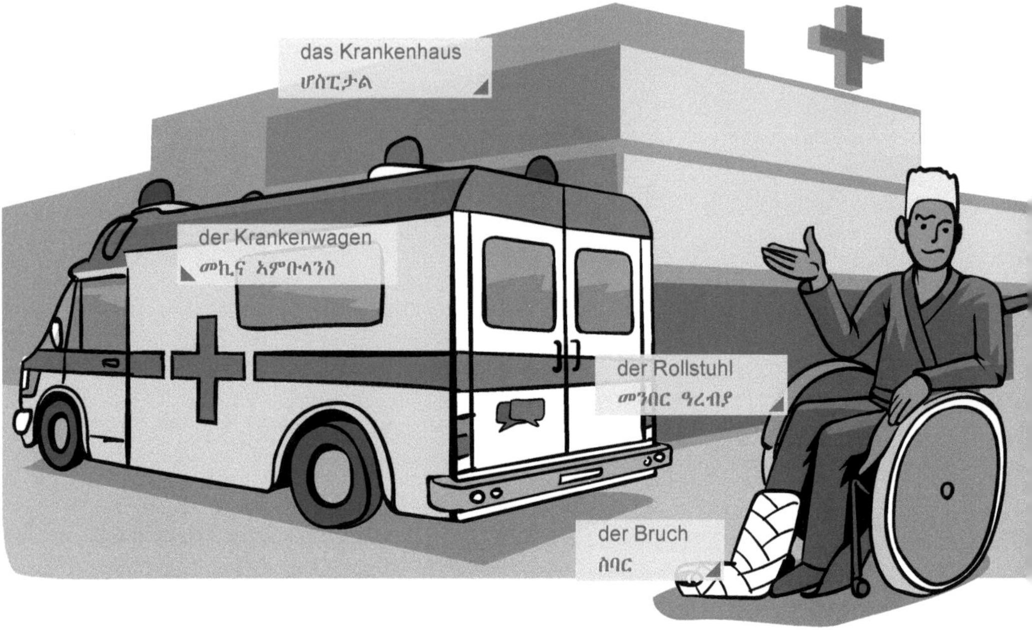

das Krankenhaus
ሆስፒታል
der Krankenwagen
መኪና ኣምቡላንስ
der Rollstuhl
መንበር ዓረብያ
der Bruch
ስባር

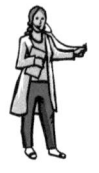

der Arzt

ሓኪም

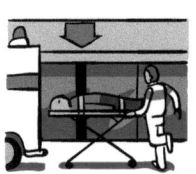

die Notaufnahme

ክፍሊ ህጹጽ ረድኤት

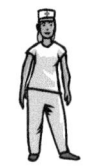

die Krankenschwester

ኣላይት

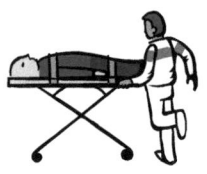

der Notfall

ህጹጽ ኩነት

ohnmächtig

ውነኡ ዘጥፍአ

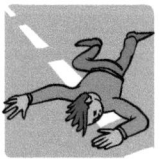

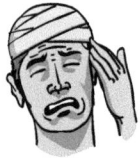

der Schmerz

ቃንዛ

die Verletzung

ጉድኣት

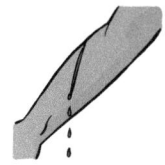

die Blutung

ደም

der Herzinfarkt

ማህረምቲ

der Schlaganfall

ማህረምቲ

die Allergie

ኣለርጂ

der Husten

ሰዓል

das Fieber

ረስኒ

die Grippe

ኡንፍልወንዛ

der Durchfall

ውጽኣት

die Kopfschmerzen

ቃንዛ ርእሲ

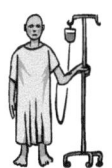

der Krebs

መንሽሮ

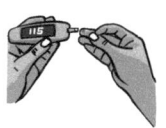

die Diabetis

ሹኮርያ

der Chirurg

ሓኪም መጥባሕቲ

das Skalpell

መጥብሒ

die Operation

መጥባሕቲ

das CT

CT

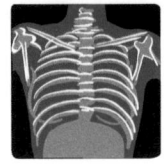

das Röntgen

ራጁ

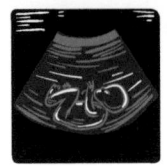

das Ultraschall

ልዕለ ድምጻዊ

die Maske

መሸፈኒ ገጽ

die Krankheit

ሕማም

das Wartezimmer

ክፍሊ ምጽባይ

die Krücke

ምርኩስ

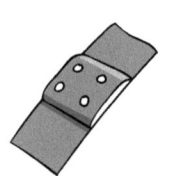

das Pflaster

መጀነኒ ቍስሊ

der Verband

መጀነኒ

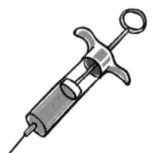

die Injektion

መርፍዕ ምውጋእ

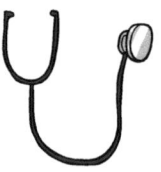

das Stethoskop

ስተቶስኮፕ

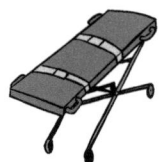

die Trage

መሰከሚ ሕማም

das Thermometer

ቴርሞመተር

die Geburt

ትውልዲ

das Übergewicht

ልዕለ-ሚዛን

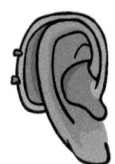

das Hörgerät

ሓገዝ ምስማዕ

das Desinfektionsmittel

ኣንጻሂ

die Infektion

ልበዳ

das Virus

ቫይረስ

das HIV / AIDS

ኤድስ

die Medizin

ሕክምና

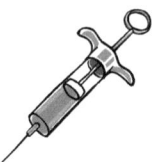

die Impfung

ክታብ

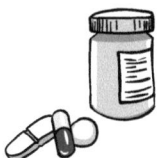

die Tabletten

ከኒና

die Pille

ከኒና

der Notruf

ህጹጽ ምድዋል

das Blutdruck-Messgerät

መዕቀኒ ጸቕጢ ደም

krank / gesund

ሕሙም / ጥዑይ

Hilfe!

ሓገዝ

der Alarm

ኣላርም

der Überfall

ምህጃም

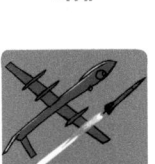

der Angriff

መጥቃዕቲ

die Gefahr

ድንገት

der Notausgang

ህጹጽ መውጽኢ

Feuer!

ሓዊ!

der Feuerlöscher

መጥፍኢ ሓዊ

der Unfall

ሓደጋ

der Erste-Hilfe-Koffer

ሳንጣ ቀዳማይ ረድኤት

SOS

SOS

die Polizei

ፖሊስ

das Europa

ኤውሮጳ

das Nordamerika

ሰሜን አመሪካ

das Südamerika

ደቡብ አመሪካ

das Afrika

አፍሪቃ

das Asien

ኤስያ

das Australien

አውስትራልያ

der Atlantik

አትላንቲክ

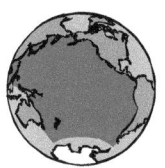

der Pazifik

ፓሲፊክ

der Indische Ozean

ህንዳዊ ዉቅያኖስ

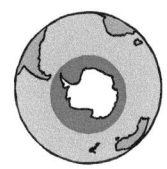

der Antarktische Ozean

አንታርቲካዊ ዉቅያኖስ

der Arktische Ozean

አርክቲካዊ ዉቅያኖስ

der Nordpol

ሰሜናዊ ዋልታ

der Südpol

ደቡባዊ ዋልታ

die Antarktis

አንታርቲካ

die Erde

ምድሪ

das Land

መሬት

das Meer

ባሕሪ

die Insel

ደሴት

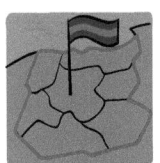

die Nation

ሃገር

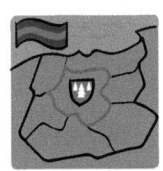

der Staat

ዓዲ

das Zifferblatt

ገጽ ሰዓት

der Stundenzeiger

አመልካቲ ሰዓታት

der Minutenzeiger

አመልካቲ ደቓይቕ

der Sekundenzeiger

አመልካቲ ካልኢት

Wie spät ist es?

ሰዓት ክንደይ አሎ?

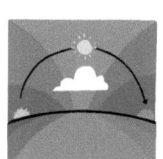

der Tag

መዓልቲ

die Zeit

ግዜ

jetzt

ሕጂ

die Digitaluhr

ዲጊታል ሰዓት

die Minute

ደቒቕ

die Stunde

ሰዓት

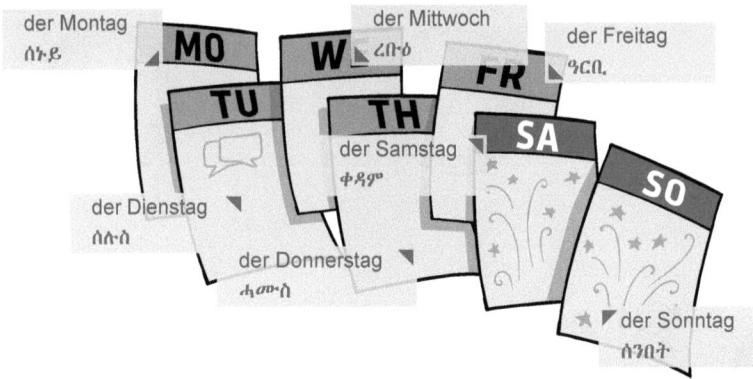

der Montag
ሰኑይ

der Mittwoch
ረቡዕ

der Freitag
ዓርቢ

der Dienstag
ሰሉስ

der Samstag
ቀዳም

der Donnerstag
ሓሙስ

der Sonntag
ሰንበት

gestern
ትማሊ

heute
ሎሚ

morgen
ጽባሕ

der Morgen
ንጎሆ

der Mittag
ቀትሪ

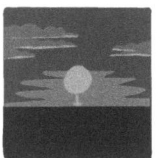

der Abend
ምሸት

MO	TU	WE	TH	FR	SA	SU
1	2	3	4	5	6	7
8	9	10	11	12	13	14
15	16	17	18	19	20	21
22	23	24	25	26	27	28
29	30	31	1	2	3	4

die Arbeitstage
መዓልታት ስራሕ

MO	TU	WE	TH	FR	SA	SU
1	2	3	4	5	6	7
8	9	10	11	12	13	14
15	16	17	18	19	20	21
22	23	24	25	26	27	28
29	30	31	1	2	3	4

das Wochenende
መወዳእታ ሰሙን

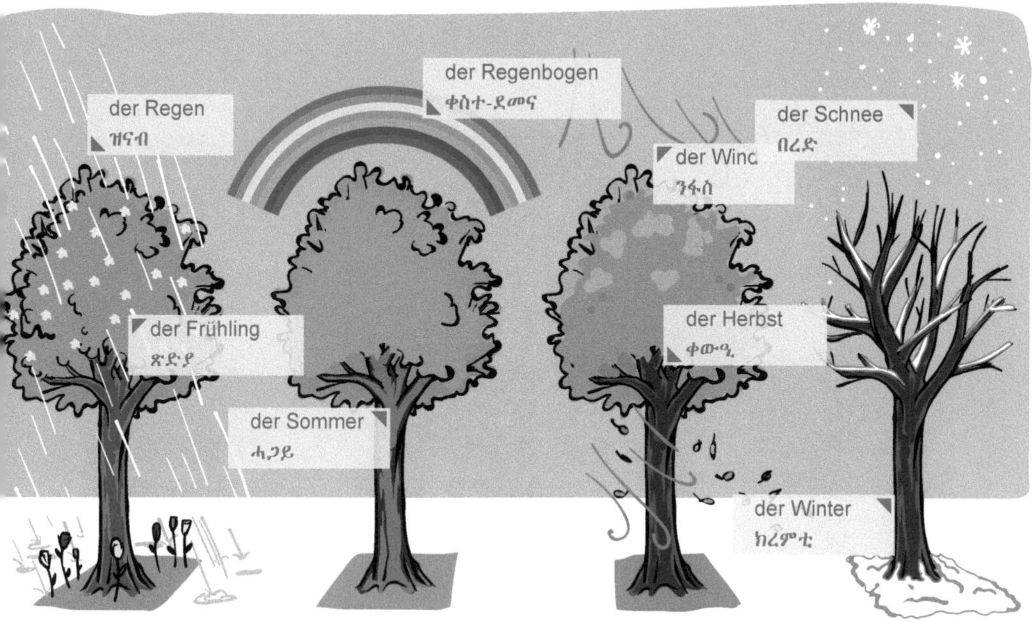

der Regen
ዝናብ
der Regenbogen
ቀስተ-ደመና
der Schnee
በረድ
der Wind
ንፋስ
der Frühling
ጽድያ
der Herbst
ቀውዒ
der Sommer
ሓጋይ
der Winter
ክረምቲ

4.APRIL 11°
5.APRIL 4°
6.APRIL 13°
7.APRIL 8°
8.APRIL 10°

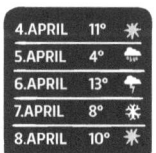

die Wettervorhersage

ትንቢት ኩነታት ኣየር

F C
120 40
90 30
60 20
30 10
0 0
-30 -10
-20

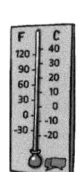

das Thermometer

ቴርሞመተር

der Sonnenschein

ብርሃን ጸሓይ

die Wolke

ደበና

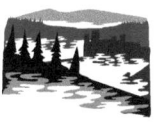

der Nebel

ግመ

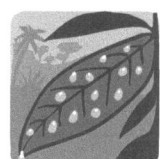

die Luftfeuchtigkeit

ጠሊ

der Blitz

ብርቂ

der Donner

ነጕዳ

der Sturm

ህቦብላ

der Hagel

በረድ

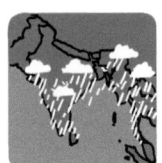

der Monsun

ብርቱዕ ህቦብላ

die Flut

ውሕጅ

das Eis

በረድ

der Januar

ጥሪ

der Februar

ለካቲት

der März

መጋቢት

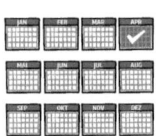

der April

ሚያዝያ

der Mai

ጉንበት

der Juni

ሰነ

der Juli

ሓምለ

der August

ነሓሰ

das Jahr - ዓመት

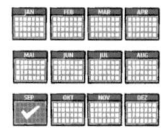

der September

መስከረም

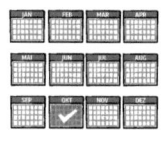

der Oktober

ጥቅምቲ

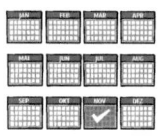

der November

ሕዳር

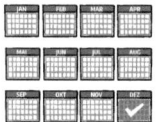

der Dezember

ታሕሳስ

die Formen

ቅርጻታት

der Kreis

ዙርያ

das Quadrat

ትርብዒት

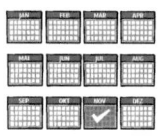

das Rechteck

ቅኑዕ ርቡዕ ኲርናዕ

das Dreieck

ስሉስ ኲርናዕ

die Kugel

ክቢ

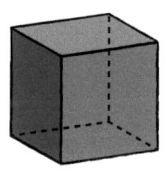

der Würfel

ኩቦ

weiß

ጸዕዳ

gelb

ብጫ

orange

ኣራንቺ

pink

ፒንክ

rot

ቀይሕ

lila

ጁንኽ

blau

ሰማያዊ

grün

ቀጠልያ

braun

ቡናዊ

grau

ሓሙኽሽታይ

schwarz

ጸሊም

viel / wenig

ብዙሕ / ውሑድ

wütend / friedlich

ሕሩቕ / ሰላማዊ

hübsch / hässlich

ጽቡቕ / ክፉእ

der Anfang / das Ende

መጀመርያ / መወዳእታ

groß / klein

ዓቢ / ንእሽቶ

hell / dunkel

ብሩህ / ጸልማት

der Bruder / die Schwester

ሓው / ሓፍት

sauber / schmutzig

ጽሩይ / ርሳሕ

vollständig / unvollständig

ምሉእ / ዘይምሉእ

der Tag / die Nacht

መዓልቲ / ለይቲ

tot / lebendig

ሙዉት / ህልው

breit / schmal

ሰፊሕ / ጸቢብ

genießbar / ungenießbar

ደስ ዘበል / ደስ ዘይብል

böse / freundlich

እኩይ / ህያዋይ

aufgeregt / gelangweilt

ርቡጽ / ስልኩይ

dick / dünn

ረጊድ / ቀጢን

zuerst / zuletzt

ቀዳማይ / ናይ መወዳእታ

der Freund / der Feind

ዓርኪ / ጸላኢ

voll / leer

ምሉእ / ባዶ

hart / weich

ተሪር / ልስሉስ

schwer / leicht

ከቢድ / ፈኩስ

der Hunger / der Durst

ጥምየት / ጽምየት

krank / gesund

ሕሙም / ጥዑይ

illegal / legal

ዘይሕጋዊ / ሕጋዊ

intelligent / dumm

መስተውዓሊ / ስዲ

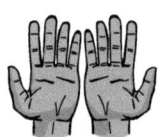

links / rechts

ጸጋም / የማን

nah / fern

ቀረባ / ርሑቕ

neu / gebraucht

ሓዲሽ / ብሉይ

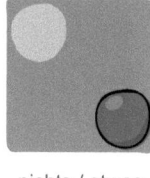

nichts / etwas

ዋላ ሓደ / ገለ

alt / jung

ዓቢ/ኣረጊት / መንእሰይ

an / aus

ወለዐ / ኣጥፍአ

offen / geschlossen

ክፉት / ዕጹው

leise / laut

ህዱእ / ዓው

reich / arm

ሃብታም / ድኻ

richtig / falsch

ቅኑዕ / ግጉይ

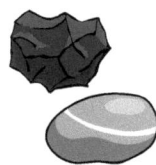

rau / glatt

ሓርፋፍ / ልሙጽ

traurig / glücklich

ጉሁይ / ሕጉስ

kurz / lang

ሓጺር / ነዊሕ

langsam / schnell

ቀስ / ቅልጡፍ

nass / trocken

ጥሉል / ንቑጽ

warm / kühl

ምዉቕ / ዝሑል

der Krieg / der Frieden

ውግእ / ሰላም

die Zahlen

ቁጽርታት

0	**1**	**2**
null	eins	zwei
ዜሮ	ሓደ	ክልተ

3	**4**	**5**
drei	vier	fünf
ሰለስተ	ኣርባዕተ	ሓሙሽተ

6	**7**	**8**
sechs	sieben	acht
ሽዱሽተ	ሸውዓተ	ሸሞንተ

9	**10**	**11**
neun	zehn	elf
ትሽዓተ	ዓሰርተ	ዓሰርተ ሓደ

12

zwölf

ዓሰርተ ክልተ

13

dreizehn

ዓሰርተ ሰለስተ

14

vierzehn

ዓሰርተ ኣርባዕተ

15

fünfzehn

ዓሰርተ ሓሙሽተ

16

sechzehn

ዓሰርተ ሽዱሽተ

17

siebzehn

ዓሰርተ ሸውዓተ

18

achtzehn

ዓሰርተ ሸሞንተ

19

neunzehn

ዓሰርተ ትሽዓተ

20

zwanzig

ዕስራ

100

hundert

ሚእቲ

1.000

tausend

ሽሕ

1.000.000

million

ሚልዮን

Englisch

እንግሊዝኛ

Amerikanisches Englisch

አመሪካዊ እንግሊዛዊ

Chinesisch Mandarin

ቻይናዊ ማንዳሪን

Hindi

ሂንዳዊ

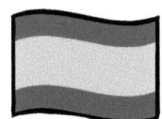

Spanisch

እስጳኛዊ

Französisch

ፈረንሳዊ

Arabisch

ዓረባዊ

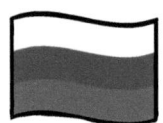

Russisch

ሩሲያዊ

Portugiesisch

ፖርቱጋላዊ

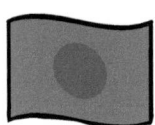

Bengalisch

በንጋሊ

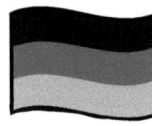

Deutsch

ጀርመናዊ

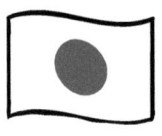

Japanisch

ጃፓናዊ

ich

አነ

du

ንስኻ/ኺ

er / sie / es

ንሱ / ንሳ / ንሱ

wir

ንሕና

ihr

ንስኻ

sie

ንሳቶም

wer?

መን?

was?

እንታይ?

wie?

ከመይ?

wo?

አበይ?

wann?

መዓስ?

Name

ሽም

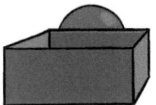

hinter

ድሕሪ

in

አብ

vor

አብ ቅድሚ

über

አብ ላዕሊ

auf

አብ ልዕሊ

unter

ትሕቲ ምድሪ

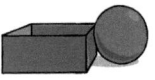

neben

አብ ጥቓ

zwischen

አብ መንጎ

der Ort

ቦታ